当事者がつくる障害者差別禁止法

保護から権利へ

「障害者差別禁止法制定」作業チーム●編

現代書館

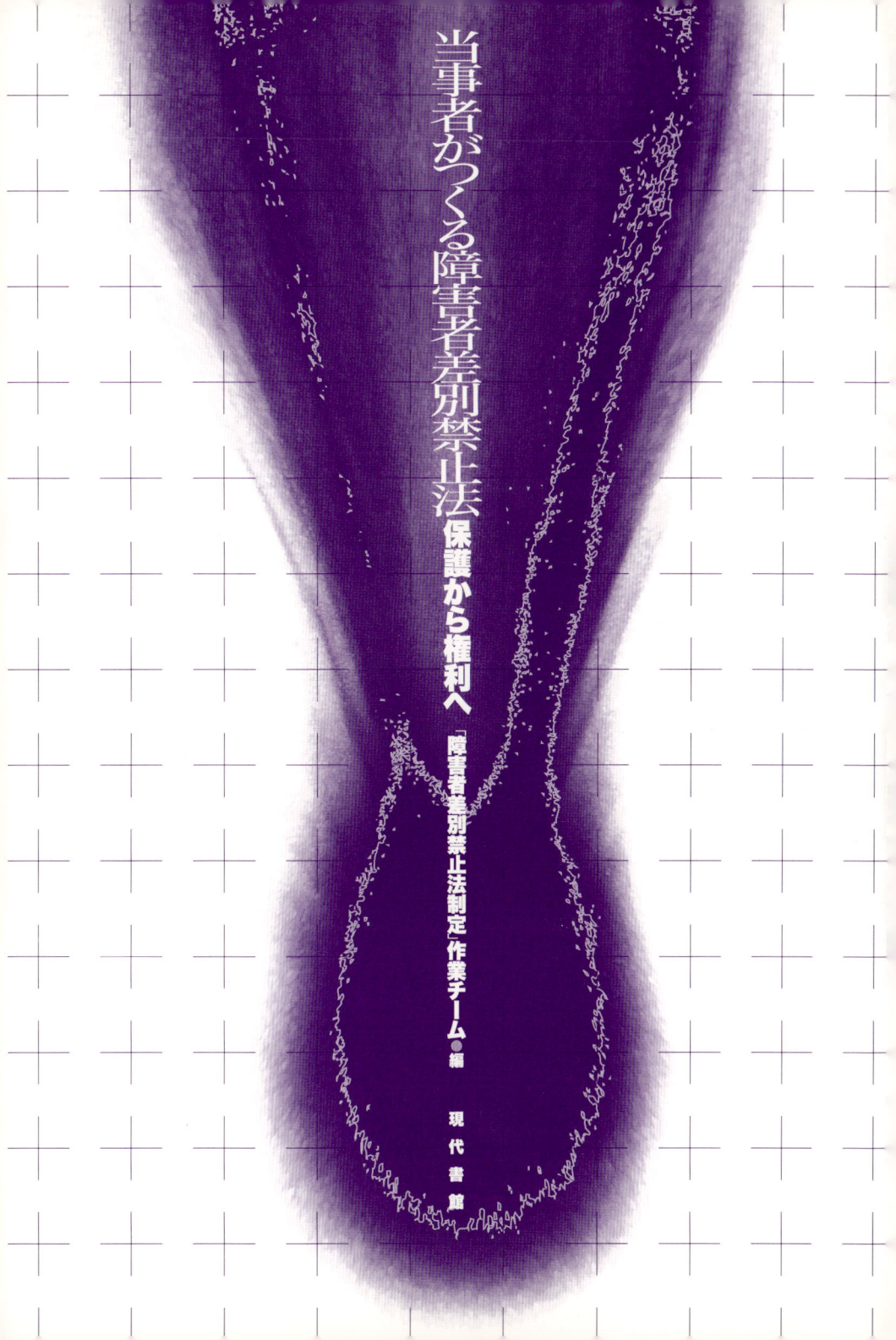

はじめに

一九七〇年代から全国的に広がっていった草の根的障害当事者運動の結集軸となり、十年を経過した障害者政策研究全国実行委員会（以下、政策研実行委員会）では、これまで課題別にプロジェクト・チームをつくり、それぞれの課題に関する政策提言づくりに向けて取り組んできました。政策研実行委員会の取組みの背景には、一九九〇年に制定されたＡＤＡ（障害をもつアメリカ人法）の存在が大きく、近い将来、日本でも障害者差別禁止法（権利法）の実現をめざそうという共通の目的意識が出発点になっていたと言えます。一九九三年に障害者基本法の法案が出された際に、「日本版ＡＤＡ」の制定を！　のスローガンを掲げて当事者団体を中心に要請行動が展開されましたが、みるべき成果はありませんでした。その後、政策研実行委員会の「基本政策プロジェクト・チーム」では、九八年初め頃から、障害者基本法の「抜本改正」を含めて、障害をもつ人の権利を法的に明記する必要性を議論してきました。

一方、二〇〇〇年十月、ＡＤＡ施行十周年を記念してワシントンＤＣで開催された「障害者に関する法制と政策の国際シンポジウム」において、障害をもつ人への差別を禁止し権利を保障する法律を制定している国が四〇カ国を超え、国際レベルでも、差別を禁止する法律を制定している国では、すでに社会的合意が成立し、社会システムの一部になっていることが報告されました（本書第Ⅲ部1参照）。ＡＤＡの成立から一五年を経た今日、この「報告」は、今でも新鮮な驚きをもって受け止められています。そして二〇〇一年十一月、日弁連の人権擁護大会で障害者差別禁止法がテーマとして設定されるなど、再び日本における障害者差別禁止法に関する議論が活発になり、その可能性と新しい風が確実に吹き始めることになりました。

さらに、追い風となる二つの重要な動きが国際的動向の中で浮き彫りになってきました。一つは、二〇〇一年八月、ジュネーブで開催された国連の人権機構の一部である「社会権規約委員会」から、日本政府に対して重要な「勧告」が行われたことです。同委員会の《勧告》では、特に次のような注目すべきことが述べられています。

「五二　委員会は、締約国が、障害のある人々に対する差別的な法規定を廃止し、かつ障害のある人々に対するあらゆる種類の差別を禁止する法律を採択するよう勧告する。」

この「勧告」に関連して、第一五四回国会衆議院本会議（二〇〇二年三月二十九日）では、障害者の権利法の必要性に関する質問に対して次のような「政府答弁」が行われています。「障害者等に対する不当な差別的取扱いの禁止につきましては、今国会に提出した人権擁護法案で手当てしているところであります」（福田官房長官）。

同通常国会に提出された人権擁護法案（二〇〇三年十月に廃案）では、障害をもつ人の差別や人権侵害からの救済をどこまで期待できるか強い疑問があります。特に差別、人権侵害の定義において、障害をもつ人に対する無知・無理解によって、結果として当事者が不当な取扱いを受けているということが盛り込まれていません。また、公共団体や民間事業者に対して必要な「配慮義務」を果たさないことが差別であるということも明記されていません。そのために救済の申立てがされたとしても、従来から役に立たないという批判の強かった、既存の人権擁護行政の「任意の調査」の延長上にある「一般救済」として扱われ、被害者と加害者の曖昧な「調整」に終始し、結局、被害者はあきらめざるを得なくなるということが予想されます。

もう一つは、国連「障害者の一〇年」を経て策定された「障害者の機会均等化に関する基準規則」（一九九三年国連総会採択）からみた、各国における障害者施策の実施状況に関するモニタリングが二〇〇二年で終了することを踏まえ、今後の展開に関連して、二〇〇一年十二月の国連総会で、障害者の差別撤廃に関する国際条約（以下、権利条約と略）の制定に向けた議論が交わされ、権利条約の必要性について検討する「特別委員会」の設置が決議されたことです（第Ⅲ部2参照）。今後の取組みにおいて、モニタリングの仕組みを含む権利条約の国連採択と日本政府の批准が実現できたとすれば、国内の障害をもつ人の権利に関する状況が権利条約の各条文の内容に基づいてどのように進展しているか、日本政府の報告に対する当該国のＮＧＯ（障害者・家族団体等）が批判的なカウンターレポートを定期的に権利条約の実施状況を審査する正規委員会に提出することになります。

こうした状況を踏まえて、二〇〇一年八月、政策研実行委員会内に「障害者差別禁止法」作業チームが設置され、障害者差別禁止法「要綱案」の作成作業に取り組んできました。「要綱案」の作成作業においては、現行の法制度との大きな矛盾、または「要綱案」そのものの内容の整合性、特に知的障害、精神障害等の障害種別ごとの特性、差異、ニーズに着目した、踏み込んだ検討については十分にできていないことなど、次々にでてくる難題に出合い、方向性に行き詰まることもありました。しかし、何よりも当事者運動の視点から「要綱案」づくりを担当することになった作業チームのメンバー一人ひとりの、様々な直接的経験をベースに積み重ねてきた成果を、多くの当事者の仲間が共有している差別への憤りと差別撤廃への熱意に支えられて本書に結実することができたことを誇りにしたいと思います。

この「要綱案」の第一次案は、二〇〇二年十月、「すべての障壁を取り除き、違いと権利を祝おう！」を統一テーマに開催されたＤＰＩ（障害者インターナショナル）世界会議に向けて作成公表しました。その後も内容の見直し作業を継続し、第三次案を第十回障害者政策研究全国集会で公表することができました。第二版ではこの「要綱案」（第三次案）を掲載しています。

出版に向けて我慢強く適切な指示をしていただいた現代書館の小林律子さんに改めて感謝の意を表したいと思います。また、本書に貴重な論文を寄稿していただいた皆さん、新しい風を起こすきっかけとなったテレジア・デゲナー女史、ジェラルド・クィン氏の「報告」の翻訳作業を楽しそうに引き受けてくれた秋山愛子さん、そして「事例紹介」で適切な資料提供と助言をしてくださった弁護士の皆さんに心からのお礼を申し上げます。

本書が多くの人々の手にわたり、障害者差別禁止法の制定が新しい世紀の初頭において普遍的な価値をもつテーマであり、一人ひとりの違いと権利を大切にする社会の実現にとって欠かすことのできない事業であること、そのメッセージを読者に伝え共感を分かち合い、これからの障害者差別禁止法の制定に向けた多様な取組みに少しでも役立つことができることを願っています。

二〇〇五年五月

金　政玉

当事者がつくる差別禁止法・目次

装幀 杉本和秀

I

障害をもつ人の現状と権利

1 差別禁止法制定に向けて考えること

東 俊裕
ひがし としひろ……J I L（全国自立生活センター協議会）人権委員会委員長、弁護士。

一 心の問題から社会のルール（法律）へ

差別という言葉は重たい響きをもっている。誰しも差別は悪いことだとは思っていても、内心では差別という話題には触れたがらないものである。差別という話題が出されると、多くの人は、自己が非難にさらされる側の立場にいることを漠然と感じ、私はそんなつもりじゃないとか、私はそうじゃないとか、いつしか自己防衛的な発想に陥る。差別を受けている側は、そのような自己防衛的態度には敏感で、相手方の欺瞞を暴こうとする。批判にさらされる側がその追及をストンと納得できない場合、批判を受けないですむにはどうしたらいいか、問題を起こさなくてすむような技術や表現や態度を会得することにことさら神経をとがらせる。

差別を語るときに、必ず出てくるのは心の問題である。「差別のない心」とか、「思いやりを大切にしましょう」とか、いかにも市役所の壁に貼ってあるような標語が思い出される。

しかし、何が差別なのかはっきりと社会的にも認知されている事例は別として、差別を受ける側が考える差別と多くの人が考える差別には大きな隔たりがある。我々にとって差別と感じることが、障害のない人にとって差別と感じていないことは山ほどある。この大きな隔たりが一般社会人の差別に対する無知や無関心を生む。もちろん、差別を受ける側としては無知・無関心の故に差別が不問に付されたのではたまらない。

しかし、本当にそれが差別になると知らなかったら、その後の個人のありようは別にして、当の問題についての非難は鈍る。差別をするかもしれない側にとっても、何が差別なのか、はっきりとした物差しが示されないまま、あなたの心の問題ですよと言って突き放されたら、果たして今後も差別的でない態度を維持できるか不安が残る。

このようにして、差別の問題はますます心に重たいものを上乗せすることになる。

ところで、人の行動規範にはいろんなものがある。ある場合にはその人の趣味であったり、利害得失であったり、希望や憧れであったり、人のアドバイスであったり、時には、信念や宗教や倫理観等の価値観であったりする場合もある。このような個人レベルでの行動規範は、その個人の社会的体験に深く根ざす。

人は、自己の体験の中で多くのことを学ぶ。ことの善悪もそうだ。仮に直接体験していない事柄でも、自己の生き様の中から、その領域の善悪を判断しようとする。障害のない人でも障害のある人の視点で考えようとする人もいる。しかし、それには限界がある。それぞれに与えられた社会的体験とそれに基づく認識の程度は千差万別であるからである。

しかし、共同社会で生きている我々の行動は個人レベルでの行動規範のみならず、我々の住む共同社会が生み出した社会規範にも依拠している。隣人はどう思うかなという横並び意識や、いわゆる常識、一般的にまかり通っている価値観、社会的習慣等のあやふやなものから、属している団体の規則、市町村の条例、国の法律など明確なものまで様々である。

確かに、差別の問題は、これまで全面的に心の問題として処理されてきたわけではない。誰でも認めるような差別的取り扱いがあった場合には、行政上も司法上もそれなりの解決を見いだしてはきている。しかし、全体としてみる場合、何が許されて、何が許されないのか、見方や見る立場で差別と考えたり、考えなかったりというような曖昧模糊とした状況におかれている。

ところが、障害のある人に対する差別は、単なる個人の問題を超えて、人の集う社会には必然的に起こる問題である以上、個人レベルでの行動規範にその解決策を見いだしたり、曖昧な人権啓発や社会常識レベルの社会規範にその解決策を求めるのではなく、障害のある人にとっても、ない人にとっても誰でもが是非の判断ができるような明確な社会のルール（法律）を作るべきである。

そうでない限り、交通法規を作らないまま、自己の良心に判断を委ねるから、各自勝手に自動車を運転しなさいと言うに等しいのである。

二　社会的合意形成

(1)「特別なサービス」と権利

戦後、生存権を規定した憲法二五条のもとで、国家は、いわゆる社会的弱者に対して福祉サービスを国の責務として行うようになった。これについて、国民の一部には当然の権利だという認識が芽生えたが、多くは、可哀相な人たちだから国が特別のサービスをしてあげているというような認識に止まっており、これが日本社会の本音だと思われる。

ところで、我々の求めている差別禁止法においては、実質的平等を担保するために分野ごとの配慮義務を規定することになるが、このような日本社会の本音を前提とすると、この差別禁止法に対して、日本社会はこれまでいろんな特別の配慮をしてきたのに、今度は義務まで盛り込んでそれをしないことを差別と言って非難する気か、という反論が出てきそうである。

障害のある人を可哀相な人とか社会的弱者と見て、障害のない人以上の特別のサービスをしているという見方は、その反面で、障害のない人は、障害のある人と違って、個人の力で社会生活をしており、障害のある人のように特別のサービスは受けていないのに、権利権利と叫ぶのはかえって不公平ではないのかという認識があると思われる。

(2)障害のある人には閉じられた社会システム

しかし、果たして実態はそうであろうか。

例えば、電動車いすの利用者が一般就労しようとしても、会社まで来られなければいくら能力があっても採用は無理ですよと断られる場合がある。しかし、翻って考えてみると、その会社に勤務している人は、全員自分の力で会社まで来ているのであろうか。ほとんど否である。よほど職住接近の状態にない限り、例えば、車で通勤するとか、バス停まで自転車で行って、バスから電車に乗り換えて会社まで行くとか、ほとんどの人は、公共交通とか自動車とかいう社会的補助システムを利用して(自家用車も道路整備無くしては役に立たない、そのような意味で自家用車も社会的システムである)自己の歩行による移動能力の限界を補っているのである。あまりに当たり前のことで、誰も敢えて、これらの社会システムを人の身体能力を補助する道具だとは認識していない。しかし、この移動システムの保障により、障害のない人は様々な社会参加の機会を得て、それぞれの自立した生活を営んでいるのである。

逆に言えば、障害のない人でも何らかの理由で社会が提供した支え合いのシステムの利益を享受できなければ、自立した社会生活は享受できないのである。

ところが、移動を補助するシステムがもっとも必要な、例えば電動車いすの利用者に対して、一般の人に提供されているそのシステムは、まだまだ門戸を閉じたままの状態であり、例えて言うなら、一般の人が歩行を主として生活していた明治時代のレベルに据え置かれたままなのである。

明治以来、公共交通機関や道路整備に一体いくらの資本が投資されてきたのか、計り知れない金額であろう。それに比べれば、障害のある人のためのアクセス保障に使われた予算は微々たるものでしかない。むしろ、本来使うべき予算をこれまで全く使わずにいたが、この頃になってようやく少しだけ使うようになったと言える。

（3）差別禁止法の必要性の理解を

以上述べたことは、単に移動のことであるが、このことは、他の多くの場面（教育、就労、他の社会生活場面）でも同様のことが言えるのである。

このように、これまでの社会は、一方で障害のない人に対しては個人の社会参加の機会を保障するために営々としてその種々のサポートシステムをつくり上げ、その利益を十分享受させておきながら、他方、障害のある人にはその門戸を閉ざしている状況が差別禁止法の前提となっていることについて、必ずしも障害のない人には、認識されていないのである。

我々の要求は、簡単に言うと日本社会がつくり上げてきた社会参加の機会とそのための社会的サポートシステムを障害のない人だけで独り占めするな、我々にも平等に門戸を開放しろというところになると思われる。そのための差別禁止法制定の必要性に関して、以上の例示が事の実態をわかりやすく説明する材料になったかどうか、あまり自信はないが、いずれにせよ、国民一般にわかりやすい説明を提供しなければ、差別禁止法制定に向けた世論形成は困難である。

現在、私の属するＬＡＤＤ（リーガル・アドボカシー　障害をもつ人の権利）という団体と日本弁護士連合会（以下、日弁連）の人権擁護委員会に設置された差別禁止を求める特別調査研究委員会で、差別禁止法の必要性に関するわかりやすいパンフレットを作成中である。できれば、みなさんのご活用を願いたい。

三　戦略的訴訟

（1）障害のある人の権利をめぐる法制度の現状

現在の我が国の法律状況を見ると、障害のある人についての法律上の人権はないと言っても過言ではない。もちろん、それは障害があることを理由とした差別に関しての人権のことであり、一般国民としての人権に関してではない。障害に関する限り、憲法一四条の「法の下の平等」規定も裁判所で現実的にはほとんど機能していないし、具体化した差別禁止法もない。本来、人権とは、多数者がいかなる主張をしようとも、最低限、ここまでは個人の自由を保障するというものであり、そのために、法的な武器として与えられたものであるはずである。しかし、その根拠となる法律がない状況では、人権侵害があったとして、裁判所で争っても、裁判所としては救済のしようがない。また、人権侵害があったと仮に認定されても、裁判所の命令が単なる損害賠償止まりでは、侵害された人権を真に回復することは困難である。このような日本の状況下では、障害のある人に人権があるとはとても言い難い。

（2）法制度がないなかで、何ができるか

と、以上のように一般論としては何度も言ってきた。しかし、法律がない以上何もできないのか、弁護士としてどうすればいいのか、個人事務所を経営しながら何ができるか、と個人的なことではあるが、自問自答が続く。障害問題に関心を寄せる弁護士も少ないとはいえ、昨年の日弁連の人権擁護大会で差別禁止法の試案が出されて以来、そのシンポジウムを担当した委員会やこれまで熱心にかかわってきた弁護士を中心に確実に輪が広がりつつある。

（3）アメリカにおける戦略的訴訟の展開

アメリカ・フィラデルフィアの公益法律事務所（Public Interest Law Center of Philadelphia; PILCOP）に所属するジュディス・グラン弁護士が来日し、三月二十三日から日弁連主催のもとに東京、大阪、岡山の各都市で講演した。二〇〇一年年奈良県で開かれた第四十四回人権擁護大会の第一分科会実行委員会は「障害のある人に対する差別を禁止する法律の制定をめざして」と題して、実行委員会の試案としてではあるが「障害のある人に対する差別を禁止する法律」要綱案を発表した。同実行委員会は、要綱案作成のためにアメリカとイギリスに調査団を派遣したが、アメリカの訪問先がＰＩＬＣＯＰであった。

ＰＩＬＣＯＰは、もっぱら障害のある人の人権確立をめざす民間の公益法律事務所であるが、その前身からいえば約三〇年の長きにわたって、裁判闘争を繰り広げ、障害のある人に対する差別禁止法の制定に大きく寄与し

た団体である。

アメリカには現在、世界に衝撃を与えた障害をもつアメリカ人法（ADA: Americans with Disabilities Act of 1990）をはじめ、リハビリテーション法五〇四、五〇八条（Rehabilitation Act, 1973）、全障害児教育法（IDEA；Individuals with Disabilities Education Act, 1975、一九九七年改正）、発達障害者支援および権利法（Person with Developmet Disabilities Assistance and Bill of Rights Act, 1970、一九七五年改正）、施設入所者の市民的権利法（Civil Rights of Institutionalized Persons Act）、障害者高齢者選挙アクセス法（Voting Accessibility for the Elderly and Handicapped Act, 1984）、航空機アクセス法（Air Carrier Access Act, 一九八六年 障害を理由とする差別禁止規定の付加）、公正住宅法（Fair Housing Amendments Act, 一九八八年、障害を理由とする差別禁止規定の付加）等の障害のある人に対する差別禁止ないし権利に関する連邦法が存在する。

しかしながら、一九七〇年代当初のアメリカには、このような法律は皆無であった。むしろ、七〇年代に至っても、各州政府が一九〇〇年代初頭に優生学や社会防衛的な見地によって通称ジムクロー法と呼ばれる法律を制定した結果、特に知的障害のある人は数千人も収容可能な大規模施設に強制隔離され、極めて劣悪な状態に置かれていた。

ところが、七〇年代になると、このような状況を実写した『煉獄のクリスマス』という写真集の公刊などにより、それまで七〇年もの間人々から忘れ去られていた施設の状況が一気に明るみに出ることになり、大規模州立施設に対する（当初は施設内改善を求めた、後には施設解体、脱施設化を求めた）裁判闘争が開始されることになったのである。

しかし、当初の裁判は、上記立法が何もないなかで行わざるを得ず、何を争点として、いかなる根拠に基づいて提訴するか、苦慮したとのことであった。そこで、アフリカ系アメリカ人に対する分離教育を全員一致で違憲と断じた連邦最高裁の判決（一九五四年、ブラウン判決）を参考に、州政府が重度の障害のある人を施設に隔離して公教育を与えないのは憲法の「equal protection（平等保護）」に違反するという構成で提訴した。結果としては、州政府はすべての障害のある人に平等の教育をするという和解で終わったが、これを契機として、二年後の一九七五年に統合教育を保障する全障害児教育法が成立することになったのである。

これ以後、全米で、施設や統合教育を巡る裁判が約五〇ほど提訴され、上記立法を促しただけではなく、制定された立法を更なる武器として、現在も法廷闘争を続けているとのことであった。

（4）法律を武器に差別・権利侵害からの個別救済と社会的な是正を進める

グラン弁護士には、彼女が属している公益法律事務所の説明をしていただいたうえで、差別禁止法や関連立法の成立過程や彼女が専門的に扱っている統合教育についての話をしていただいた。とくに、もっとも新しいところでは、オルムステッド判決に触れ、最高裁はＡＤＡの中にある差別禁止条項が、州立の施設に障害のある人を隔離することにも当てはまると述べ、隔離は差別の一形態であることを認めたうえで、障害のある人が地域で暮らすことをＡＤＡは法的要求事項としているという解釈を確立した画期的なものであることや、統合教育については、統合教育が進んでいない州では、教育委員会側が普通学級ではその子のためにならないとか、他の子どもの妨げになるとか、財政的に負担が大きいとかの理由を示して特殊学校に出しがちであること、しかし、統合教育を保障したＩＤＥＡ法は、実体的な権利として障害のある児童が障害のない児童と一緒に、最大限の介護や補助のサービスを受けながら、可能なかぎり、普通学級での教育を受ける権利を保障しているだけでなく、その児童の必要とする介護や補助のサービスや教育のあり方について、親や教師、教育委員会によって作成される障害児個別のプログラム（ＩＥＰ）について異議があるときは、不服審査を申し立て、更に異議があれば、裁判所に申し立てる手続き的権利を保障している点が重要であり、この法を武器にして種々ケースで勝訴していることを報告していただいた（講演内容の要約は、日弁連の『自由と正義』二〇〇二年九月号に掲載）。

（5）障害をもつ人の立場に立った人権擁護機関

また、アメリカでは、一九七〇年の発達障害者法により、プロテクション・アンド・アドボカシー（Ｐ＆Ａ）という知的障害をもつ人のための人権擁護機関が各州に設立されている。現在では障害の種別を問わず、すべての障害をもつ人のために活動しているが、この団体は、障害のある人の立場に立って人権を擁護する団体である。日本で議論されているような人権擁護機関はあくまで中立の立場で救済するというものであるが、このP&Aは、そのような救済機関が既にあることを前提に、障害のある人の権利実現を当事者の立場に立ってサポートする団体である。ちなみに、イリノイ州のP&Aである、「イクイップ・フォー・イクォーリティ（EFE）」の代表であるジーナ・ナディッチ（Zena Naidirch）氏によると、EFEでは約五〇人もの弁護士、当事者、専門家をスタッフに抱え、時には予算措置を講じている州政府を相手に訴訟を起こすそうである。二〇〇二年六月に開かれたこのP&Aの全米組織であるNAPASの第二十五回総会に出席したが、そのようなスタッフが全米から約四百名ほど出席し、四日間にわたり、約八〇もの分科会が開かれていた。

このような組織もアメリカの障害のある人のための公民権運動がもたらしたものである。

四　差別禁止法制定へ向け、新たな戦略

このようなアメリカの状況を見聞するにつけ、障害問題を専門的に扱うことのできる法律事務所や権利擁護機関の存在と、何もないなかから展望と戦略を組み立て実践していく行動力に驚かされるとともに、自分としては、何をすべきかと前述の有様である。

ただ、果たして実行できるかどうか不安を持ちつつ、いくばくかのプランがないわけではない。日本の障害のある人たちの当事者運動と、これまでほとんど期待できないと思われていた訴訟による社会変革を結びつけるという、これまでとは違った形で差別禁止法制定運動に役立てればと思っている。

2 障害とは、障害に基づく差別とは？

金 政玉

キム・ジョンオク……ＤＰＩ障害者権利擁護センター所長。

一 国際障害分類における「障害の概念」の課題

一九八一年の国際障害者年の前年にＷＨＯ（世界保健機関）が発表した「機能障害、能力障害および社会的不利の国際障害分類」（ＩＣＩＤＨ）では、「障害のレベル（階層）」について、「機能障害」「能力障害」「社会的不利」の三つのレベルがあるとしている。このことは、それまで「障害」が個人の問題として収斂されていたものが、社会的問題としてはじめて理論的な根拠を示した画期的な意味があると言われている。一方、その後の国際障害分類における改訂プロセスの早い段階で、次のように述べられている。「『社会的不利』の用語は、英語の『handicap』が軽蔑的な意味合いをもつために、完全に除くことが決められた。そして、『disability』の用語を障害の第二次元の名称としては使わず、代わりに包括用語として残すことにした。しかしながら、生活機能にある程度の制約や制限を経験する個人を、どのように呼ぶのが一番よいか、という問題が残されている。……障害とは、健康に関連した人と環境の相互作用による多次元の現象である。（注1）」

国際障害分類の改訂作業の集約点は、二〇〇一年の世界保健会議において、中立的な用語を用いるＩＣＩＤＨ－２が「生活機能・障害・健康の国際分類」（ＩＣＦ）という分類全体をさす名称となった。「環境因子」と障害当事者のエンパワメントが不可欠である「個人因子」との相互関係をどのような仕組みのもとで構築していくのかが、これからの核心的テーマになっていることは確かである。

二　障害者基本法の「障害の定義」の問題性

一〇年ぶりに改正された障害者基本法（二〇〇四年五月）の第二条（障害者の定義）では、「この法律において『障害者』とは、身体障害、知的障害又は精神障害（以下『障害』と総称する）があるため、継続的に日常生活又は社会生活に相当な制限を受ける者をいう」と規定している。これは心身の機能上の障害により「継続的に日常生活又は社会生活に相当な制限を受ける者」という能力の不全と心身の損傷による機能障害に着目した「医学モデル」を前提にした「障害者観」であると言われている。

この「医学モデル」を前提にした「障害者観」には、次のような本質的な問題点がある。

第一に「障害者の範囲」が心身の損傷による機能障害が固定的な医学的基準によって認定（特定）され、日常生活動作（ＡＤＬ）を基本に障害等級が決定されて、それに対応する福祉サービスが支給される。こうした対象者の範囲は必然的に限定され、日常生活動作（ＡＤＬ）を中心とする判定基準に該当しない、例えば高次脳障害[注2]や学習障害（ＬＤ）等は、多くが「障害の定義」から除外されることになる。[注3]

第二に「医学モデル」を前提にした「障害者観」は、伝統的に障害をもつ人を恩恵と保護による福祉施策の「特殊な存在」とみなしていく法的根拠の背景になっており、市民社会のあらゆる場面で対等な構成員として存在することを阻害してきた。

第三に、前項において、国際障害分類の改訂プロセスの集約点の中に、新しい重要な変化として「環境因子」と「個人因子」が「背景因子」として存在していることを紹介したが、このような現状においては、「環境因子」と「個人因子」の相互関係の作用とその影響が、相変わらず機能・構造障害（impairment）に着目した「医学モデル」の方向に帰結してしまう圧力を日常的に受けてしまうことになる。

このような本質的問題点が、障害者基本法の条文にどのように反映されているかをさらに見てみよう。

三　障害者基本法の限界……………

日本においては、この十年間、心身障害者対策基本法が障害者基本法（一九九三年）に改められ、ハートビル法や交通バリアフリー法、または契約型福祉サービスの利用等について定めた社会福祉法等のいくつかの法律ができたが、いずれも権利の明記と障害を理由とする差別的取扱いを違法とする禁止規定がなく、国及び地方公共団体、民間事業者等に対しては基本的に努力義務を課す規定にとどまっている。障害者施策の包括的根拠となる改正障害者基本法について見た場合、主に次の問題点を指摘することができる。

①　障害者基本法の第一条（目的）では、「障害者の自立及び社会参加の支援等のための施策の基本となる事項を定めること」が明記された。しかし、その一方で基本的理念（第三条二項）では「すべて障害者は……あらゆる分野の活動に参加する機会が与えられる」となっている。つまり「参加する機会」が恩恵的に「与えられる」対象とみなされ、障害者の社会参加を権利として保障するとはなっていない。

②　改正前の基本法は、旧法（心身障害者対策基本法）の優生思想と深く結びついた「心身の障害の発生予防」または「更生」と「保護」に基づく古くからの障害者施策の要素を根強く残し、「施設への入所」（第十条の二の1項）、「重度障害者の保護等」（第十一条関係）の規定があったが削除された。しかし改正基本法の第八条（施策の基本方針）では「……可能な限り、地域において自立した日常生活を営むことができるように……」と述べるにとどまり、〈脱施設から地域へ〉という明確な方向が打ち出されていない。

③　障害者計画の内容をはじめ、介護や雇用等の各基本的施策に関する規定が「努力規定」の枠内にとどまり、国及び地方公共団体が行う「施策の推進法」の域を出ていないために、障害当事者が具体的人権侵害事案を裁判に訴えた場合、被告（国及び地方公共団体、民間事業者等）の側から一定の「努力」が払われていることが「立証」されると、法律違反に問われることなく、当事者が敗訴してしまう事例が非常に多いという結果をもたらし

ている。したがって、裁判規範として具体的に役に立っているのかという点から見ると、同基本法は権利の確立に向けた法的根拠としての実効性をあげていくことには構造的な限界があるといわざるを得ない。

このように見ていくと、障害者基本法の「医学モデル」としての構造的な限界は明らかであり、「障害」を環境的要因との関係からアプローチして明確にし、その阻害要因の除去を求める「社会モデル」への転換が急がれる必要がある。

四　差別の定義について

(1) 個別相談の対応から見えてきたこと

ＤＰＩ障害者権利擁護センター（以下、センター）は、ＤＰＩ（障害者インターナショナル）日本会議が一九九五年に設置した権利擁護機関であり、障害をもつ人（身体・知的・精神・難病等）、家族等を対象とした相談活動を中心的事業に位置づけ、日常的な電話相談窓口を設置し、障害当事者が相談員となってサポートしている。差別を禁止するためには、「障害」を環境的要因との関係からアプローチしていくことを前提に、どういうことが差別にあたるのかという差別の定義を明示することがその出発点になってくる。以下の中では、当センターによせられる個別相談から三つの事例を紹介し、各事例から明らかになった課題から、現実の中で障害をもつ人への差別が周囲の人々の意識や環境的要因との関係でどのように存在しているのかを考えてみたい。

〈事例1〉（下肢障害をもつ女性・四十代）

◆職場において障害を無視した配置転換をさせられたという相談

「去年までは事務系の仕事をしていましたが、事業所が移転してからは、急に社内配達の部署に転属になりました。会社に届けられた宅急便などの郵便物を、台車に載せて社内をまわる仕事です。杖をついて仕事をしていますが、腰椎変形とひざに人工金具をはめているため、立ち仕事はとても無理で体がもちません。入社したときの条件では、座ってできる仕事をやることになっていたし、医者の診断書も出ています。でも、職場の上司に言っても契約を守ろうとしてくれません。それどころか『わがままは許さん。不満だったらやめろ』と言われ、これからどうしたらいいのか不安でたまりません」

◆課題

① まず、相談者本人がおかれている状況として、本人が採用されたときの状況がどうであったのか。ハローワークの紹介で障害者の雇用制度を利用する形で採用されているのか。また、採用されたときの雇用契約はどのような内容なのか、そのことによって、ハローワークの障害者担当者や労働基準局との相談や会社側との交渉のしかたにも大きなちがいが出てくる。

② 現時点では、本人にとって当センターの相談員が間に入って会社側と話をすることにためらいがあるのであれば、相談員がハローワークの担当者などと慎重に連絡をとり、本人の職場でおかれている状況が悪化しないようにするための相談を行いながら、行政機関の担当者にきちんとした問題認識をもたせておくことが重要である。

③ この相談には、職場に相談できる人がいなくて、権利を主張したくてもできない状況をどのようにすれば変えられるのかという、具体的な対応を行う以前の問題がある。本人があたりまえの権利意識をもてるためには、本人が職場でいじめを受けてものりきっていくことができるような信頼できる相談機関または支援団体を身近にもてることが課題になる。相談員が折に触れて「様子うかがい」を行うことで、継続的な関係づくりをしていくことが必要である。

〈事例2〉（重度の身体障害をもつ女性・二十代）

◆ヘルパー派遣についての相談

「私は自薦登録ヘルパーを使って一日一二時間の派遣を受けながら、一人で生活をしています。先日役所の担当者から、『ヘルパー派遣時間は、家にいるか家の周辺にいるようにしてもらわないと、ヘルパー制度が適用できなくなります』と言われました。これではまったく外に出かけることができなくなり、困ってしまいます。また私が電車に乗っているところを、偶然、役所の担当者が見たと言って電話をしてきました。見張られているような気がして毎日が落ち着きません」

◆課題

① 現在のホームヘルパー派遣制度は、在宅での家事援助が基本になっている。役所の担当者は、本人が家事援助に関する事項で作成されているホームヘルパー派遣のケアプランに同意した以上は、それを守ってもらわなければならないことを強調した。しかし、ケアプランの中身に対して、本当に本人が「同意」しているのかという点になると決してそうではない。「同意」しなければ、地域で生きるための介助が得られない状況におかれているために、たとえ内容に納得できなくても、本人はそれに「同意」する形をとらざるを得ない。

② こうした実態を役所の福祉サービスの担当者は、もっと認識する必要がある。社会参加に必要な当事者のニーズを制度の中に柔軟に組み込んでいくことが重要な課題である。

〈事例3〉（重度身体障害の男性・四十代）

◆入店拒否の問題についての相談。

「三年ほど利用していた理髪店に先日行ったのですが、終わって帰るときに、店員に『電動車いすを置くところがないので、今後は遠慮していただきたい』と言われました。その店員は店長から言われているようでした。車いすでの入店をはじめから拒否する店もあり、ここには三年も通っていただけに、突然入店を拒否されたことは、とてもショックでした。この先どのように対応していけばよいのでしょうか」

◆課題

① この相談の場合、当センターから事情を聞くと、理髪店の店長は「本人の自宅に行って散髪してあげると言ったが、本人が断った。人の親切心を素直に理解しようとしないわがままな態度だ」と言い、まったく差別をしたとは考えていない。地方法務局の人権相談室に入る障害者の人権侵害にかかわる相談の中では、民間アパー

トの入居差別や入店拒否の事例が最も多いと言われる。この場合は人権侵害と言えるのかどうか、行政機関の対応に不十分な点があればそれを明らかにするためにも、地方法務局人権相談室に申立てを行うことが必要である。

② 障害者が外出した場合に階段等の物理的バリアで入店できないことは非常に多いが、基本的に普通の市民と同じように外出をして、自分の好みで店を利用する当たり前のニーズと権利があるという理解が地域社会に浸透していない。

③「何が差別であり人権侵害なのか」を理解するための研修が必要。不特定多数の一般市民向けだけでなく、障害をもつ人が日常生活で利用することの多い飲食店や娯楽施設等の業界団体を対象にした人権教育・啓発の研修の実施が課題になっている。

これら三つの事例に対する相談対応の課題として明らかになったことは、第一に「苦情」の背景や原因がどこにあるのかを明らかにし、その「苦情」が相手側の意図的な差別や偏見によるものではなくても、障害を理由とした権利侵害であるかどうかを判断していくために、意識的なアンテナを常にはりながら相談内容に対応していくことが求められている。第二にできるだけ本人との電話や面談の機会を多くして相談内容の事実関係を整理し、どの点で障害を理由とした不当な扱いであり権利侵害なのかを明確にしていく。第三に不当な扱いや納得できない状況におかれている本人（障害当事者）や家族等が実際に相手側との話し合いにのぞむことになったときに、場合によっては、相手側との間に入って話し合いを行い、本人が少しでも納得できる解決をはかっていこうとする姿勢を示していくことが大切であること。第四に本人が臆することなく自己主張することができるようになるためには、当事者自身が権利意識を積極的に身につけていくことができるエンパワメントのための人権教育プログラムの作成と研修が重視される必要がある。

しかし、ここで最も難しい問題は、相談対応の「課題」として明らかになった差別や人権侵害が、一定の問題認識をもつ障害当事者や支援者等からみれば自明のことであっても、現実の平均的な市民意識との関係では、一概にそれが差別や人権侵害とはみなされないことが非常に多いという実態である。

（2）直接的差別と間接的差別の違い

「差別とは何か」という設問については、すでに人権問題に取り組む諸団体や関係者によって多くの議論や主張がなされているが、ここでは障害当事者の相談対応の経験から考えてみたい。

一定の整理をすると、〈事例1〉の場合は、入社したときの条件では、座ってできる事務系の仕事に就くことになっていて医者の診断書が出ているにもかかわらず、職場の上司は雇用契約を守ろうとしない。それどころか「わがままは許さん。不満だったらやめろ」と露骨な追い出しにかかっているという点では、「意図的な直接的差別」の典型的な事例ということができる。この「意図的な直接的差別」の対象範囲には、精神的・肉体的な虐待等も重要な要素として含まれることになる。

〈事例2〉と〈事例3〉は、相手には直接的に差別をする意図はないが、障害をもつ人のニーズに対する無知と無理解によって、相手側（加害者）が権利侵害の事実を認めない、そのために結果として障害当事者が差別的な扱いを受けることになっている。その結果、〈事例2〉では、ホームヘルパー派遣における「ケアプラン」に本人が「同意」したことによって本人のニーズを満たしていると一方的にみなされてしまい、本人が「同意」せざるを得ない背景と理由を説明するのは非常に困難を伴うことになる。〈事例3〉では、店長の親切心を素直に受けようとしない当事者は「わがままな障害者」とされ、場合によっては当事者のほうが逆に非難を受けることになりかねない状況にある。

つまり〈事例2〉と〈事例3〉に共通して言えることは、こうした「意図しない間接的差別」の場合、現状においては、相手側が加害者として明確に認知されるためには、その事実がなぜ差別なのかについて、周囲が納得できる説明を被害者（障害当事者）側に課してしまうことになり、多くはそれができないために被害者は泣き寝入りせざるを得ない現実になっている。

「意図的な直接的差別」と「意図しない間接的差別」の両者は、相互に深く関連しあっていると言うことができる。障害をもつ人の差別を禁止する法律において「差別の定義」を考えていく場合には、直接的差別と間接的差別の両方を組み入れた内容にしていくことが重要である。

五　障害者権利条約と「差別の定義」

障害者権利条約の策定作業を進めている国連の特別委員会では、「作業部会草案」（二〇〇四年一月）をもとに審議が継続している。ここでは、第四回特別委員会（二〇〇四年八月）で審議された「差別の定義」（第七条）にかかわる主な内容を紹介する。

（1）差別の形態に関する類型

【草案第七条2項(b)】

「差別は、あらゆる形態の差別（直接的、間接的及び体系的な差別を含む）を含むものとし、また、現実にある障害又は認識された障害を理由とする差別を含むものとする」

「あらゆる形態の差別」を類型化すると、およそ次のようになる。（注4）

①直接差別：加害者の意図性が明確な場合

②間接差別：加害者に意図があるかないかにかかわらず、無知や無理解、一方的な決めつけ等によって、差別事象が放置される場合

③認識された障害による差別：現行法制の障害の定義には該当しないが、社会が認識する障害への意識、偏見等による場合（例：顔面に疾患・外傷のある人等）

（2）「合理的配慮」と差別禁止との関係

【作業部会草案第七条4項】

「障害のある人に対して平等の権利を確保するため、締約国は、（略）必要かつ適当な変更及び調整と定義される合理的配慮を提供するためのすべての適当な措置（立法措置を含む）をとることを約束する。ただし、このよ

うな措置が不釣合いな負担を課す場合には、この限りでない」

「合理的配慮」に関する規定は、既存の人権条約にはない新しい概念として注目されている。障害の種別等による個別的ニーズ（職場における段差等の解消や情報機器の改造、必要に応じた手話通訳や要約筆記の配置等）に対応した「合理的配慮」を講じないことをもって差別とみなすかどうかについては、「不釣合いな負担を課す場合」との関係で討議が継続されている。

日本国内の現行法には、具体的な差別事象が発生したときに対応できる「差別の定義」にかかわる明文規定がない。障害を理由とする「あらゆる形態の差別」の中に含まれる個別具体的な差別事案が、なぜ差別に該当するのかを説明できる解釈指針が必要となる。

障害者権利条約の「差別の定義」に関する検討状況には、積極的に学ぶべき点が多いことを喚起しておきたい。

注

1　WHO国際障害分類第二版「生活機能と障害の国際分類」ベータ2案完全版—付属資料4「ICIDH－2と障害のある人々」WHO国際障害分類日本協力センター発行。

2　高次脳障害とは、脳出血や交通事故などによって、脳に傷害を受け、言語、認知、記憶、情動等に障害が残った場合を言う。脳の損傷の部位や原因によって、様々な症状があらわれる。後天的な脳障害があり、また、身体的な障害が残らない場合もあるため、従来の障害者施策の対象になりにくいのが現状である。

3　学習障害（LD：Learning Disability）とは、IQは決して低くはないが、読み書き、計算、推論するなどの特定の能力の習得とその活用に著しい困難を示す状態で、従来、教育現場で使われてきた用語である。このような特徴から、学習や仕事の仕方、情報の伝達の仕方に工夫が必要だが、周囲の人の無理解から、「学習や仕事ができないのは、本人が怠けているから」といった誤解を生じやすく、教育現場や職場で不利益をこうむることが多い。

4　「体系的差別」は、内容がはっきりしないという理由で削除された。

3 障害をもつ人の雇用の現状と権利規定の在り方

桑木しのぶ

くわき・しのぶ……働く障害者の弁護団・事務局、社会保険労務士。

一 はじめに

障害をもつ人の人権確立を目的とした緩やかなネットワークをつくろうということで、障害児・者人権ネットワーク（以下、「人権ネット」という）が設立されたのは一九九四年五月。以後、障害をもつ人の人権状況や制度・法律に関する調査・情報収集、学習会の開催、相談事業等を行ってきた。二〇〇〇年六月には、人権ネット会員である弁護士が中心となり、障害をもちながら働いている人、また働きたいと思っている人の声を受けとめて支援しようと、「働く障害者の弁護団」（以下、「弁護団」という）が結成された。弁護団の歴史はまだ五年ほどだが、電子メール、ファックス、手紙等で様々な相談が全国各地から寄せられている。

弁護団には、職場で一人の人間として接してもらえないという労働問題以前の相談が寄せられることも少なくない。本来、社会は多様な人々から構成されており、誰もが対等な関係である。しかし「障害の有無に関係なく接触の機会が多い相互乗り入れ型社会」をつくってこなかった結果、多くの人たちの、障害をもつ人に対するイメージは乏しい。

相談に対応するなかで、弁護団は、障害をもつ人にとっての「武器」の必要性を痛感している。残念ながら、今現在、雇用の場に障害をもつ人の働く権利という視点はほとんどない。障害をもつ人は保護の対象、受け身的な存在にされており、その人個人よりもむしろ「障害」に焦点が当てられる。雇う側は、障害をもつ本人の声に耳を傾けることもなく、「やってあげている」という姿勢になりがちだ。障害をもつ人は「働かせていただく」のではない。「障害があっても働く権利があることを明確にし、権利侵害の際には裁判に勝てる、当事者の視点に立った法律」が必要とされている。

二　雇用の場への参入から退出まで……………………

「学生だが、就職活動をしていると『障害者はちょっと……』と言われ、引け目を感じてしまう。就職したいのに就職活動に前向きになれない」。「私は授産施設で仕事をしているが、福祉的就労ということで労働者としては認めてもらえない。運良く就職した友人も最低賃金を適用除外され、苦しい生活を強いられている」。「ある国家資格を持っている。精神障害をもつようになったが、資格喪失になるのだろうか」。「何年経っても一年更新の契約社員のままで、昇給も昇格もない。契約打ち切りの不安も感じている」。「入社から随分時間がたったのに、社会保険の加入手続きをしてくれない。何度問い合わせても、耳が聞こえないのをいいことに空返事ばかりされる」。「労災事故にあい障害年金をもらうようになったが、工場長から『障害者なんだから、給与のベースダウンをする』と言われた」。「何もできない奴と言われ、精神的に辛い」。「障害者枠の雇用だが、いつまでたっても仕事らしい仕事をさせてもらえない。上司に話しても『単純作業しかやらなくてよい』と言われる」。「『目が見えないのだから、セミナーや研修は無駄』と言われた」。「脳内出血で倒れ麻痺が残った。休職中だが、会社から『倒れる前と同じ仕事ができなければ復職は認めない』と言われた」。「難病にかかり、会社から通勤不可能ということで自主退職するよう言われた」。「視覚障害をもつようになったら、『従業員が、精神または身体の障害により、業務に耐えられないと認められたときは、解雇する』という就業規則の規定を根拠に、一方的に解雇された」。

弁護団への相談が示すように、募集・採用、就労形態、配置、昇進や教育訓練、福利厚生、休職・復職、退職・解雇といった雇用のあらゆる側面において、障害をもつ人は差別取扱いを受けかねない。

それだけではない。「仕事をして生きていきたいと思い、職業訓練機関を受験しているが、不安がってか、どこでも受け入れてもらえない。自分は、ただ生かされているのではなく、『生きたい』のです」。在宅酸素療法を行っている方から寄せられた声だ。障害をもつ人は、仕事をもつ以前に、仕事に就くために必要なスキルを身につけるための学びの場からさえ、排除されている。職業選択の自由どころではないのだ。

このような状況では、最初から働くことさえ諦めてしまっている人も多いだろう。「障害があっても仕事をしながら生きていきたい」というのは決して特別な願いではない。障害をもたないあなたが障害をもつに至ったとき、あなたは果たして「仕方がない」として、このような状況を受け入れ、耐えることができるだろうか。

障害をもっていても当たり前に働きながら生活していけるよう、雇用のあらゆる局面、段階での障害を理由とした差別禁止が謳われ、その実現のための実効性ある仕組みが用意されなければならない。

三　割当雇用制度の功罪

現在の障害者雇用の根幹は、「障害者の雇用の促進等に関する法律」に基づく割当雇用制であり、法定雇用率を設定することによって、事業主に障害者雇用義務を課している。障害をもつ人に対する差別禁止・権利法の制定を目指す上で、割当雇用制をどう位置づけるかは大きな課題である。

もう何年も前に仕事をやめてしまったけれど、それまで十年近く働いたという職場について、思いを語ってくれたある男性の話はこうだ。

「地元では優良企業と言われる会社に障害者枠で入社したが、やめるまで仕事は何もなかった。単純作業さえさせてもらえなかった。公共職業安定所にも会社の指導を何度も頼み、自分でも会社に訴えたが、何の効果もなかった。それまで持っていなかった身体障害者手帳を就職に有利かと思い取ったのだが、レッテルを貼られただけ。自分は、普通学校に通い、障害者枠ではない労働も経験し、障害を重荷に感じたことはなかったのに、重荷に思うようになってしまった」

職場で自分の価値を否定されることで、彼は自信喪失となり、今も人と接するのを避けたいと思ってしまうと言う。会社側の「障害者枠雇用だし、仕事をしてケガでもされては困る。ただそこに居てくれればいい」という「特別扱い」の結果、彼は、職場で何もやることのない長い一日を過ごすことになった。「本当にみじめで、他の人に見られるのも屈辱的だったし、悔しかった」と彼は言う。雇用の対象にはされていても、職場で実際に能力を発揮する労働者として期待される対象とはなっていなかったのだ。

障害をもつ人に対する差別禁止・権利法の基底に流れるのは「障害をもつ人も社会の構成員として他の構成員と同等であり、適切な援助や環境整備によって自立できる」という人間観、自立観である。障害をもつ人は、働く上で、その人固有のニーズをもっており、それを満たすためには支援が必要となる。障害者雇用は〝数合わせ〟ではない。職場に障害をもつ人とそうでない人とが共に居ればよいというものではないのだ。障害をもつ人にとって不備な職場環境が変わらなければ、実のある新規雇用にも雇用継続にもつながらない。逆に、周りの職場環境や労働条件をその人固有のニーズに合わせて改善・調整することによって、障害をもつ人は、働く場を得、職場で能力を発揮し、職業生活を向上させ、働き続けることが可能となる。それは、法的に未整備な現在でさえ、情報通信環境の発展という追い風を受け、情報機器等の支援ツールの活用によって活躍の場を見出してきた、パイオニア的当事者の実践が既に実証済みである。

割当雇用の対象者をとらえる際、身体障害者手帳、療育手帳（または「愛の手帳」）によって障害の範囲と程度を確認することからわかるように、現在の割当雇用制は、「障害者」を限定し分類・等級化することと連動している。

しかし、ＷＨＯの一九八〇年国際障害分類（ＩＣＩＤＨ）、二〇〇一年五月採択の国際障害分類改訂版（ＩＣＦ）の流れが示すように、障害はその人に属するのではなく、障害をもつ人と環境の間にあるもの、さらには、障害はあらゆる人に起こりうるものとしてとらえられるようになってきた。これは、人と人との間に、障害の有無に関して決定的な境界線を引くことを否定し、カテゴリー別に分断・排除するのではなく、あくまでも人を一個人として見ようというものであり、雇用の場もそのような接触の場として期待されている。人を分類することで、障害をもつ人個々に固有であるはずの、環境調整ニーズを具体的に把握することはできない。

障害をもつ人に対する差別禁止・権利法の制定に際し、一定程度の雇用が確保されるまでの間、時限的に法定雇用率設定による割当雇用制を設けるという選択肢もありえようが、これまでの割当雇用制が残してきた功罪を検証し、慎重な制度設計をしなければならないことは言うまでもない。「障害」と「雇用の場における能力」とはどのような関係にあるのか、何を障害と定義するのか。検証は、そこまで立ち返るものでなくてはならないだろう。

四　職場でのインクルージョンのために

「もう身体障害者手帳を都道府県に返還したい！　それが自分に残された唯一の手段だから」という相談が、総合職社員として民間企業で働いている方から弁護団に寄せられた。その方との継続的なやり取りのなかで、当初はよくわからなかった身体障害者手帳返還のもつ意味が、次第に明らかになってきた。

視覚障害をもつ彼は、十年以上前に公共職業安定所を経由し、障害者枠で現在の勤め先に採用された。勤務先は彼の障害を十分に認識しているはずである。勤務先の障害者雇用率算定において、彼は障害者としてカウントされ続けてきた。視覚障害をもたない者とほぼ同じ業務を割り当てられている彼にとって、業務遂行上、パソコンの音声出力ソフトウエアや文字拡大ソフトウエアは不可欠である。様々な機会、方法を利用して、彼は勤務先に理解を求め、職場環境を充実してほしいと訴えてきたが、時間が虚しく去っていくだけ。「職場環境を調整することが必要であると知っていながら、勤務先が何もしないのであれば、こちらとしては、勤務先の障害者雇用率にカウントされることを拒否したい！」その態度表明が、身体障害者手帳の返還だったのだ。

必要となる職場環境の整備や労働条件調整の内容は、障害をもつ個々人によって異なるが、職場の施設・設備等ハードの改良・改造、情報機器の設置、労働時間等の調整、職務の変更・再編成、朗読者・手話通訳者等支援者の配置、リハビリテーションや障害をふまえた職業能力開発の機会の保障など、多種多様なものが想定される。職場での労働環境の不備に関し、障害をもつ人に責任はない。既存の環境を肯定し障害をもつ人に問題を置くのではなく、「障害」を作り出している環境こそ変えていく。そのために必要な調整、配慮を合理的な範囲で行うことは、雇う側に課せられる義務であり、その不履行は差別とみなされなければならない。

個々のニーズに応じた調整等の具体的事例は、効果的に収集・蓄積され、障害をもつ当事者、あるいは雇う側に対する的確な情報提供等の支援サービスを通じて、雇用推進のための共有財産にもなり得るだろう。雇う側が職場環境等の調整義務を果たすためには、国、地方公共団体による財政的支援等、適切な公的サポートも必要である。障害者雇用の法的義務を果たすよりも、障害者雇用納付金（不足人数一名につき月額五万円という、最低賃金にさえ満たない額）を納付すればよしとする企業が多いなか、厚生労働行政は、当事者等の情報開示請求によって、ようやく法定雇用率未達成企業に関する情報公開を行うに至った。雇用促進のために必要となる社会資源の構築において、厚生労働行政に求められる役割は極めて大きいはずだ。

五　プライバシーとしての障害情報

弁護団に寄せられる相談には、自分の障害について、職場でなかなか理解されないことを訴えるものも多い。とりわけ、心臓等内臓の機能障害をもっている場合、周囲の人にとって「見てわかる障害」ではないせいか、当事者が機会をとらえては自己の障害を説明し、理解を求めるなどの努力を積み重ねている。

一方、障害者として認定されていることを勤務先に伝えていないという事例もある。例えば、就労後に精神障害をもつに至ったような場合である。雇用されて働く場は、働く者が自らの個人情報を雇う側に一定程度開示することで、何らかの反対給付を受けることが少なくない。健康保険や厚生年金保険といった社会保険制度上の手続き、所得税の納付等に見られるように、雇う側が本人に代わり手続きを代行することも多い。働く側が雇う側に対し個人情報を開示することが前提となった仕組みである。必然的に、雇う側には個人情報が集められるが、その管理体制の問題は、これまでさほど議論されてこなかったように思う。障害をもつ人が健康状態や障害に関する情報を雇う側に告知することと、雇う側がそれを受けて必要な調整・配慮を行うことは、トレード・オフ（交換）の関係にある。

現在、障害者雇用率制から除外されている「精神障害者」について、雇用率制の適用を進めるにあたり、個人情報に配慮した対象者確認方法が検討課題として挙げられている。障害をもつ人については、常用労働者全てを対象とする定期健康診断の他に、職務遂行上の必要性がある場合に限り、さらに障害の性質や程度に関する情報が雇う側によって収集される可能性もあるだろう。二〇〇五年四月一日より「個人情報の保護に関する法律」が施行されたが、個人情報の保護に関する意識がまだまだ高いとは言えないなかで、雇う側に個人情報の慎重な取扱いをいかにして徹底させるかが問われてくる。個人情報の収集・利用目的の限定、収集プロセスのルール化、収集後の適切な管理体制の確立が保障されなければ、障害の有無に関係なく、職場における真の自立はおぼつかない。

六　さらなる事例の積み重ねに向けて

弁護団への多種多様な相談は、「障害を理由とした差別」の輪郭をとらえる際、多くのヒントを提示してくれたように思う。しかし、例えば、雇用のスタート地点である採用における差別については、弁護団に十分声が届いているとはいえないし、知的障害をもつ人やその支援者からの相談も少数にとどまっている。そういった、弁護団に届かない「声なき声」にも耳を傾ける努力が、弁護団に課せられた今後の課題だと思っている。

4 利用の権利に向けて——建築物、公共交通について

川内美彦
かわうち・よしひこ……一級建築士事務所 アクセスプロジェクト主宰

はじめに

本稿では、建築物や公共交通において障害のある人の利用がどのようにとらえられているかを述べる。この問題に関して本稿では、アクセスという表現を使うことにする。本稿におけるアクセスとは、「利用できる状況」と定義しておく。

一 アクセスの思想

日本ではアクセスの問題は一九九〇年代に入って急速に脚光を浴びてきたが、世界的には、一九七四年に国連障害者生活環境専門家会議が「バリアフリーデザイン」という報告書を出したあたりから、広く認識されるようになったと言われている。

アメリカでの取組みはこれより早く、五〇年代からであったと思われる。第二次世界大戦、朝鮮戦争、ベトナ

ム戦争などで多くのアメリカ兵が障害をもつことになった。彼らの社会復帰に際し、いくらリハビリをしても人の側の努力だけでは克服できない問題が社会環境にあることが明らかとなってきた。それは建物入口の階段だったり、歩道の縁石だったりしたわけだが、アメリカ社会はそのような問題を解決しようとし始め、全米規準協会は一九六一年に、A117.1と呼ばれる設計規準を発表した。A117.1はその後何回かの改訂を経て今日に至っているが、アメリカのアクセスに関する各種の設計規準の根幹として、今日でも大きな影響を及ぼしている。

社会の物理的環境を障害のある人にも使えるように変えようとする動きには、大きな価値観の変化が含まれている。障害のある人が社会に出て行くには、既存の社会環境に適合できるかどうかが重要な要素となる。以前は、社会環境の状況にかかわらず、障害のある人のほうにリハビリを重ねてそれに合わせる努力が求められてきたわけだが、その努力を社会環境のほうでも負担して歩み寄ることで、より多くの障害のある人が社会参加できるようにしようという転換が始まったのである。

このような考え方は、「障害」の定義にも見ることができる。WHOが一九八〇年に発表した国際障害分類（ICIDH）では、「障害」をImpairment（機能障害）、Disability（能力障害）、Handicap（社会的不利）に分類した。ここでHandicapは、障害の社会的側面に焦点を当てており、このような物理的環境に対する視点の変化は、いわゆる「社会モデル」としての障害を改善する方策を求めることになった。さらに二〇〇一年の世界保健総会では、ICIDHを抜本的に改訂した「生活機能・障害・健康国際分類」（ICF）が採択され、個人の状態と社会環境の二つを統合した「相互作用モデル」を提示している。

二　日本の動き

「障害」をめぐる世界の動きが日本社会に広く伝わったのは、一九八一年の国際障害者年あたりからだろうと思われる。八三年から九二年には「国連障害者の一〇年」が行われ、その終盤の九〇年にアメリカでADA（障害をもつアメリカ人に関する法律）（注1）が成立したことが、衝撃を伴って日本に伝えられた。そして一九九三年から二〇〇二年の「アジア太平洋障害者の一〇年」においては、日本はアジア諸国の主導的な役割を担うことになった。

それまでわが国では、障害のある人に関するアクセスの問題を福祉や善意の視点でとらえる傾向が強く、法的規制にはなじまないという考え方が根強くあったが、ＡＤＡは社会参加の平等を実現するために障害を理由にした差別を禁止するという観点から、強制力のある法律によって全米をカバーするという状況を実現した。ＡＤＡの中では、その理念を具体化するための道具として、建築や公共交通のアクセスの改善が取り上げられているが、この影響が、わが国に根強かった法的規制への違和感を弱めたことは否めないだろう。

こうして日本各地でいわゆる「福祉のまちづくり条例」のブームが起こり、さらに一九九四年の「ハートビル法」[注2]や、二〇〇〇年の「交通バリアフリー法」[注3]など、九〇年代のわが国ではアクセスに関する法律や条例が急速に整備されていった。しかし、わが国の場合はいまだに福祉や善意の考え方が影響しており、それは例えば「ハートビル法」とか「福祉のまちづくり条例」というタイトルにも色濃く表れているし、九四年のハートビル法が努力義務に留まったことについて、当時の建設省の担当者は以下のような説明をしていた。

「福祉はやさしさだから、やさしさを求めるこの法律に強制は似合わない」

わが国におけるアクセス改善運動の歴史はけっこう長く、七〇年代初頭には仙台で市民運動による街の改善活動が行われている。また国の対応としても七三年には厚生省による「身体障害者福祉モデル都市」事業が始まっているし、建設省も同年、歩道の段差解消や誘導ブロックの規準を通達で出している。さらに地方自治体として、七四年に町田市が「町田市の建築物等に関する福祉環境整備要綱—車いすで歩けるまちづくり」を制定している。

しかしこれらの動きは先駆けとしての域に留まっており、広範な社会の変化は九〇年代まで待たなければならなかった。これは、当時の動きの対象が障害のある人を中心としたものであったところにも原因があったのではないかと思われる。

その反面、九〇年代に入ってのわが国における大きな変化には、少子高齢社会の急速な到来への危惧があることは明らかである。その意味からも、わが国ではこれらの法律や条例は障害のある人だけを対象にしたものではなく、例えばハートビル法や交通バリアフリー法の正式名称には「高齢者・身体障害者等」という表現が使われているし、また障害のある人たちも、さらに幅広い人に適用できるよう、「身体」という言葉をタイトルからなくすべきだとか、「等」の中に妊婦や子どもやけがなどで一時的に困難をもつ人を含めることを明文化すべきだという主張を続けてきている。

三　整備の目的

一九九四年に成立し、二〇〇二年に改正されたハートビル法では、以下のように述べている。

> (目的) 第一条
> この法律は、高齢者、身体障害者等が円滑に利用できる建築物の建築の促進のための措置を講ずることにより建築物の質の向上を図り、もって公共の福祉の増進に資することを目的とする。

また、二〇〇〇年に成立した交通バリアフリー法では、以下のように述べている。

> (目的) 第一条
> この法律は、高齢者、身体障害者等の自立した日常生活及び社会生活を確保することの重要性が増大していることにかんがみ、公共交通機関の旅客施設及び車両等の構造及び設備を改善するための措置(中略)を講ずることにより、高齢者、身体障害者等の公共交通機関を利用した移動の利便性及び安全性の向上の促進を図り、もって公共の福祉の増進に資することを目的とする。

ハートビル法では、建築物の質の向上によって、交通バリアフリー法では、施設や設備を改善して、公共の福祉の増進を図ろうとしている。つまりこれらの法律では、鉄やコンクリートなどのハードの整備を定めているのである。
ハートビル法や交通バリアフリー法の上位法と目されており、一九七〇年に制定され、九三年に改正された障害者基本法では、以下のように述べている。

（公共的施設の利用）
第二二条の二　国及び地方公共団体は、自ら設置する官公庁施設、交通施設その他の公共的施設を障害者が円滑に利用できるようにするため、当該公共的施設の構造、設備の整備等について配慮しなければならない。
2　交通施設その他の公共的施設を設置する事業者は、社会連帯の理念に基づき、当該公共的施設の構造、設備の整備等について障害者の利用の便宜を図るよう努めなければならない。
3　国及び地方公共団体は、事業者が設置する交通施設その他の公共的施設の構造、設備の整備等について障害者の利用の便宜を図るための適切な配慮が行われるよう必要な施策を講じなければならない。

一方、アメリカのADAでは、以下のように述べている。（注4）

第二〇二項　差別
（前略）いかなる資格のある障害者も、障害を理由に、公共事業体のサービス、事業、活動への参加を拒否されたり、サービスの恩恵を否定されたり、差別を受けたりしてはならない。
第三〇二項　公共性のある施設における差別の禁止
（a）一般規定―いかなる個人も、公共性のある施設において商品、サービス、施設、特権、特典、宿泊を十分かつ平等に享受するにあたって、所有者、賃借者（あるいは賃貸者）または施設の管理者によって障害ゆえに差別されてはならない。

これらの引用から、日米のアクセスに対する姿勢の違いが伝わってくる。日本では障害者基本法に見られるように、「配慮」、「社会連帯の理念」、「利用の便宜を図る」といった抽象的でやわらかな表現が目立つが、それゆえに政府が何を目指しているのかが、見えてこない。アメリカでは、「使えないことは差別」という考えが根底にあって、その差別をなくすという方向性が明らかに示されている。

「建物の入口に階段があって車いすを使う人が入れないとしたら、それは『肌の黒い人はお断り』と言っているのと同じことだ」

深刻な人種問題を抱えるアメリカでは、アクセスの不備が生み出す差別性にも厳しい目が向けられた。ここで指弾されたのは、「何もしないこと」の差別性だと言うことができ、「何もしないこと」を積極的に是正することが求められているのである。

日本の表現では、なぜ高齢の人や障害のある人に建物や乗り物を使えるようにしなければならないのかということが不明瞭である。そのために、せっかく整備された建物でも、いざ使おうとすると利用を断られる例が跡を絶たない。日本の法律や条令ではスロープや手すりを作ることが目的化していて、作ればそれで問題が解決すると考えているようだが、それだけでは利用の現場における拒否という問題には力が及ばないのである。

ＡＤＡの下でも日本と同じようにスロープや手すりはできる。しかしそれは差別禁止という明確な目的をもったスロープや手すりであり、ＡＤＡでは、どんな立派な設備ができても、利用できなければ意味がないということが明確なのである。

四　権利のまちづくり

二〇〇〇年の交通バリアフリー法では、かなりの部分に強制力のある規定が含まれた。また二〇〇二年に改正されたハートビル法も、二〇〇〇㎡以上の特別特定建築物への義務付けが導入された。しかし相変わらず、利用の権利についての言及は行われていない。

アクセス整備には国民の合意が必要であり、その合意を得るためには、不完全なアクセスによって社会への関与を大きく制限され、そのために人生のありようを左右されている人たちがいることを理解してもらわなければならない。

これまでは、それは「障害者」という少数者に限定された問題のように見えていた。しかし高齢などの理由で社会から離れていく人たちの多くにも、この問題が大きく影響していることが既に明白になっている。

そして対象者が誰であれ、アクセスの欠如が人としての当然の権利の実現を阻んでいるということも国際的に合意された事項である。

福祉や善意の美名に隠れて利用の権利に言及しないことが、問題の本質的な解決を先延ばしにしていることを、私たちは気付かなければならないと思う。

私たちに必要なのは「福祉のまちづくり」ではなく、「権利のまちづくり」なのだ。

注

1 ADA：Americans with Disabilities Act
2 ハートビル法：高齢者・身体障害者等が円滑に利用できる特定建築物の建築の促進に関する法律。
3 交通バリアフリー法：高齢者・身体障害者等の公共交通機関を利用した移動の円滑化の促進に関する法律。
4 斎藤明子訳『アメリカ障害者法』現代書館、一九九一年、より引用。

参考文献

川内美彦著「『ユニバーサル・デザイン――バリアフリーへの問いかけ』学芸出版、二〇〇一年。

石川准・長瀬修編著『障害学への招待』明石書店、一九九九年。

川内美彦著『バリア・フル・ニッポン』現代書館、一九九六年。

5 障害児教育と障害者差別禁止法

姜 博久
カン・パック……障害者自立生活センター・スクラム代表

一 学校教育法施行令改訂で明らかになったこと

二〇〇二年四月十九日、文部科学省から障害児の就学基準を改めるための学校教育法施行令の改訂案が内閣に提出され、同日、閣議決定を受けた遠山文部科学大臣は、それを定例の大臣会見で発表した。

今回の施行令の改訂は、二〇〇一年一月に文部科学省の調査研究協力者会議から出されていた「二十一世紀の特殊教育のあり方について（最終報告）」の提言に基づくもので、障害児の就学基準が見直されたのは数十年ぶりのことであった。その調査研究協力者会議の最終報告に対する批判については、私自身の見解も含めて、すでに多くのところでなされてきたので、(注1)ここで改めて詳しく触れることはしない。ただ、今回の施行令の改訂について、浮き彫りにされたいくつかの点について認識しておくことは、私たちがめざす障害者差別禁止法の内容からいっても必要なことだと思われる。

かつて障害児として選別・隔離体制の中にさらされてきた者の率直な感情として、今回の改訂で新たに「認定就学者」という枠組みが設けられ、「特別な理由」があれば地域の小・中学校への就学が認められるようになった、いや、そうとしかならなかったことに対しては、やはり憤りをおぼえる。なぜ障害児だけが地域の学校に入学するのに「特別な理由」が必要とされ、また、「認定」されなければならないのかという、この一点についてだけでも、「障害者差別は間違いなく存在するのだ」ということを実感せずにはおれない。

また、今回改められた施行令は、就学の権限が移された市町村教育委員会が障害児を振り分けることを法的な位置づけをもって認めた、つまり、地方分権の上で市町村教育委員会による差別を法的に是認するものになったということも十分認識しておくべきだろう。現実的に市町村教育委員会の対応がどうなるのかは別に考えていくにしても、これまで運用されてきた通達より上位の法的レベルで、それがはっきりと盛り込まれたことの意味を過小評価することはできない。これこそ、調査研究協力者会議の最終報告が提言していた「就学基準の法令化」であり、障害児教育における分離の方向が何ら変わっていないことを物語るものである。

さらに、今回の改訂に関する文部科学省の姿勢の中でより鮮明になってきたのは、ノーマライゼーションの実現と障害児一人ひとりのニーズを満たすことは相容れないものだと考えられていることである。四月十九日の遠山文部科学大臣の記者会見の内容[2]から協力者会議の最終報告を振り返ってみれば、そのことはよりはっきりしてくる。その基調は、「ノーマライゼーションが進んできて障害児が地域の小・中学校に入学できる条件が出てきたから、特別な条件が整っていれば障害児の就学を認めるが、個々のニーズを保障するためには盲・ろう・養護学校は必要だ」というところにある。つまり、文部科学省の理屈を突き詰めていくと、「ノーマライゼーション社会が実現しない限り、すべての障害児が地域の学校に就学し、なおかつ、そこで一人ひとりのニーズを満たすことはできない」ということになる[3]。

私たちの立場から言って、こうした理屈はとうてい納得できるものではない、いや、はっきり言って間違っている。ノーマライゼーションの実現と障害児一人ひとりのニーズを満たすことは相容れないどころか、どちらも同じ方向にあってこそ、障害者が差別されない社会がつくられる。だからこそ、私たちは地域で当たり前に暮らすこと、そのために必要な介助などの支援を個々のニーズに応じて獲得することをめざして運動を続けているのだ。教育とて同じことである。いや、教育こそノーマライゼーションを実現するための重要な社会基盤であり、その中で障害児が排除されることなく、地域の構成員として障害をもたない子どもたちとともに学び生きていくということが実践されなければ、いつまでたっても選別と隔離の社会は変わらない。

そういう意味で文部科学省の論理展開は目的と手段が逆転しているとしか言いようがない。いま一度、私たちは九四年、スペイン・サラマンカにおいて開催された、ユネスコ・特別ニーズ教育に関する世界会議のサラマンカ宣言において、新たな理念として打ち出された「インクルージョン」の意味を確認しておくべきだろう。それは、ノーマライゼーションの実現と子どもたち一人ひとりのニーズの保障を同じ方向で進めていくことを意味する理念であり、「インクルーシヴな方向性をもつ学校こそが、差別的な態度と闘い、喜んで受け入れられる地域を創り、インクルーシヴな社会を建設し、すべての者のための教育を達成するためのもっとも効果的な手段である」というその一文は、何よりもそういう方向性こそが本来の姿なのだということを示している。したがって、こうした理念を当たり前のものとし、障害児が地域の学校から排除されることなく、障害をもたない子どもたちとともに学びながら、地域の中で必要な支援を獲得できるように方向づけることこそが、私たちの教育における目標だと言える。

二 〈養護学校選択論〉と〈ろう学校必要論〉

「養護学校を選ぶことも権利として認めるべきだ」という主張がいつのころからか出てきた。今回の施行令改訂に反対する中でも「障害をもたない子どもも学校を選択する時代なのに、障害児が学校を選べないのはおかしい」との声があった。しかし、養護学校とは本来選択肢となる対象なのだろうか。そもそも、私たち障害者運動が取り組んできた最大の課題は、障害者を社会から排除するのは差別であり、地域で誰もが当たり前に暮らせるような社会をつくることにある。だからこそ、入所施設やコロニーなどは障害者を隔離するものであって、私たちにとってそうした施設は選択を余儀なくさせられる対象でしかなく、本来あってはならないものであると主張してきたし、その方向はいまも変わっていない。

同様に、地域の学校で障害児と非障害児が共に学び共に育つことは本来あるべき姿であり、それこそがノーマライゼーション社会の実現の第一歩だとして、統合教育の運動も取り組まれてきたのではなかったのだろうか。つまりは、養護学校も入所施設などと同じように、障害者のニーズに名を借りた排除の場であり、それは私たちにとっては、本来的には選択すべき対象などではないのだ。あるべき社会、めざすべき社会の方向性を抜きにして、障害者のニーズ論を強調するあまりに〈養護学校選択論〉を是認することは、社会による選別と隔離の構造を覆い隠し、それを維持してしまうことにしかならない[4]。

その〈養護学校選択論〉と同じく、最近、日増しに主張されるようになっているのが、「ろう者は手話という特有の言語を使う存在であり、ろう者としてのアイデンティティを確立するためには、ろう学校が必要だ」という〈ろう学校必要論〉である。手話（日本語手話ではなく、日本手話）が特有の言語であり、ろう者はそれを使う特有の文化主体であるとする、いわゆる「ろう文化宣言」の意味は大きく、障害種別を超えた障害者差別禁止法をめざそうとする私たちにとって、その主張は無視できない課題である。今回、障害者差別禁止法要綱案を提案することになった作業チームでも、その主張を受け止めなければならないとする点で議論してきた。その結果は、本書に掲載されている私たちの要綱案のとおりである。

ただ、〈ろう学校必要論〉については、率直なところ、まだまだ議論が尽くされていないように思う。手話が独自の言語であること、ろう者にはそれを習得する権利があること、そのために手話言語を習得するための環境と具体的支援が幼いときから提供される必要があるとする当事者の主張をはっきりと障害者運動の認識として共有するためにも、もっと議論を深める必要があるだろう。

例えば、〈ろう教育＝ろう学校必要論〉というように考えてしまっていいのかどうかという問題がある。あくまでも口話法に固執し、手話の使用を学校教育の場で公式に認めてさえいない現状のろう学校の悲惨さは言うまでもないが、統合的な環境以外の場が学校教育として絶対的に保障されなければならないのかどうか。その点で、現在、各地で自主的に行われているろう児を対象としたフリースクールなど、学校以外での取組みをどう考えるのか。それは、本来なら学校教育という場で保障されるべきニーズが現状では満たせないから、不十分な形ではあれ、窮余の策としてつくられてきたものでしかないのか。また、地域の普通学校でろう児に必要な教育と支援を提供することはまったく無理なのか。聴者と一緒に手話を身につける場を地域の学校で保障しながら、地域でろう者のアイデンティティを育む仕組みを考えることはできないのか。考えていかなければならないこと、もっと議論してみないといけないことはほかにもたくさんあるだろうが、少なくとも、ろう教育のすべてがろう学校という学校教育の場で解決されるべきものなのかどうかを議論しておくことは必要なのではないだろうか。

三　学校教育の意味と障害児教育

そもそも、ろう教育も含めて、障害児教育はすべてが学校教育で果たされなければならないものなのだろうか。私としては、学校教育として統合を求めることと、障害児に対して教育支援をどういった形で提供されるべきかということとは別に考えたほうがいいと思っている。

本来、様々な属性をもつ人たちが存在し、ときとして衝突があっても、ときには協力しながら暮らしているのが社会の姿だろう。その社会としての当たり前の姿は学校の中においても反映されるべきで、学力中心主義の現在の学校がそういう意味合いで動いていない部分が顕著であるにせよ、障害をもっていようがなかろうが、どの子も同じ地域の学校に行く意味は、そういった社会の中で生きていくことを学ぶことにある。統合教育を求める原点はそれ以上でも、それ以下でもないだろう。そういう学校教育の意味を前提にしたうえで、学校で提供すべき支援と地域において学校以外の場で提供されるべき支援とが複合的に進められてこそ、統合教育の中で個々のニーズを保障するというインクルージョン理念も実現されていくと言えるだろう。

私が所属する全障連では、かつて障害者関連の法制度の改革に取り組むという方針の下に、「インクルージョン教育促進法」の制定を提案したことがあるが、(5) そのとき議論したのは、養護学校に対して親や専門家が求めているのが障害児に対するリハビリテーションなどにあるとするなら（これが個々のニーズ保障のすべてではないにしても）、学校教育の中だけではなく、地域の学校以外の資源を様々に利用することでそれを保障する方向で考えていくべきではないかということだった。個々のニーズを保障することを学校教育の枠内ですべて完結させようとする視点から抜け出せないからこそ、養護学校が必要とされたり、それを選択の対象として措定させる結果になってしまうのではないのか。その構造から抜け出す視点をどう確保し、統合教育の中で個々のニーズの保障を進めるために学校教育や地域社会での支援に何を求め、そこで何を創り出す必要があるのか。いまこそ、学校教育のみに囚われた視点を地域社会という外部にまで広げて考えることが求められているのではないだろうか。

私たちはなぜ統合教育を求めるのか。その原点を踏まえた上で障害児教育の中身はどうあればいいのか。私たちには、これからますます強調されていくであろう個々のニーズの保障という論理に足をすくわれないためにも、統合教育が学校教育で果たされなければならない意味を再度確認する必要があるし、それを推し進めるための差別禁止法をはじめとする法制度、そして、その実践としての学校教育と地域社会における教育支援の枠組みを構想していく必要があるのではないだろうか。(6)

四　障害者差別禁止法に向けて

以上のような認識を踏まえた上で、障害者差別禁止法の制定に向け、障害児教育について私たちがそこに盛り込むべき内容を簡単にまとめると、次の四点となる。

① 学校教育は統合を原則とすること。
② ろう児には、独自の言語として手話を使う主体者として、支援を保障すること。
③ 個別ニーズの保障として、当事者や代理人（親や支援者）の同意に基づく支援内容の決定と是正システムを確保すること。
④ 分離教育を是認したり、維持したりするような行政施策の転換をうながすこと。

ただし、当然ながら、差別禁止法ができたからといって障害児教育の課題がすべて解決されるわけではない。共に生き共に育つ教育を進めていくには、具体的な枠組みづくりに向けた関係法令の改正あるいは「インクルージョン教育促進法（仮称）」といった新たな個別法が必要となる（特に学校教育と地域の社会資源との複合的な支援体制を創り出すためには、その制定が望ましいと考える）。分離教育が障害者に対する差別であること、そして、いまもそれが確かに存在していること。それを抜きに障害者差別禁止法の制定を考えることはできない。

注

1 『季刊福祉労働』九五号、現代書館、二〇〇二年。

2 文部科学省ホームページ掲載の大臣会見（http://www.mext.go.jp/b_menu/daijin/index.htm）を参照。

3 今回の施行令改正を受けて二〇〇二年六月に文部科学省から出された「就学指導資料」でも、最初に掲げられているのは「一人ひとりのニーズ」であり、それぞれの子どもの障害にしか視点が向いていないことは明らかである。

4 この点で、日本弁護士連合会第四十四回人権擁護大会シンポジウム第一分科会実行委員会案として出された差別禁止法案における教育の項目は、極めて不十分な内容だと言わざるを得ない（同実行委員会『「障害のある人に対する差別を禁止する法律の制定をめざして」基調報告書』）。同案では、最初に原則統合を掲げておきながら、それに次ぐ箇所で普通学級・特別学級・特別学校での支援体制を保障するといった内容になっている。統合を原則としながら、特別学級（障害児学級）や特別学校（養護学校）といったものを無造作に前提とするその内容では、暗に〈養護学校選択論〉あるいは分離体制という現状追認の上での差別禁止を指向しているとしか言いようがない。

5 全障連全国集会（二〇〇〇年八月二十六、二十七日）にて。『季刊福祉労働』八九号（現代書館、二〇〇〇年）に平井誠一氏の報告が掲載。

6 例えば、大阪市西成区で地域の小学校に入学した障害児に対して取り組まれている個別教育支援計画づくりは、学校教育と地域の社会資源との複合的な支援を目指しており注目される動きである（日本放送出版協会『NHK社会福祉セミナー』二〇〇二年一〇〜一二月、掲載記事）。

6 権利としての情報保障

高田英一
たかだ・えいいち……財団法人全日本ろうあ連盟副理事長

一 テレビにみる機会の不平等……………

今やテレビは新聞と並ぶ最も強大な国民的メディアの一つである。私もそれをつくづく日常的に実感している。朝起きれば、まず顔を洗い食卓につくや新聞と併行してテレビをみる。昼は職場で必ず新聞に眼を通し、たまにテレビを見ることもある。たたかい済んで日が暮れて、わが家に帰るももどかしく、ともかくは服を着替える。そしておもむろにテレビ画面を確認して新聞にざっと眼を通してからテレビ欄を探し、テレビ番組の適否を検討し、リモコンに手を伸ばすが、そのとき間髪をいれず、うちのかみさんが「今日はどこそこのテレビがよい、悪い」等と忠告をいれる。それは親切とも言えるし、チャンネル争いの発端ともなり、チャンネルの主導権はその時々の情勢に応じて移動する。風呂は後にして飯が先か、テレビが先かは微妙な問題であるが、結局のところ、飯とテレビの平行進行となる。

この模様はごく普通の家庭の状況と変わりないようにみえる。しかし、テレビ欄の見方に聴覚障害者と健聴者では大きな違いがある。聴覚障害者にとって、番組を選択する決定要素は番組自体にだけあるのではない。むしろ番組に「手話・字幕」が付くか付かないかによって左右される。番組自体に興味はあってもそれに「手話・字幕」の付加がなければ、視聴を断念せざるを得ず、それによって番組選択の幅は狭められるのである。しかも、「手話・字幕」番組は少ないから、なおさら番組選択の幅が非常に狭められるのである。

それは聴覚障害者と健聴者が得られる情報量の差となる。そして、これを差別というのである。この差別が今も大手を振って存在していることが問題なのである。

もっとも、個人が必要とする情報の入手は、単に入手可能な情報量の差によってだけ左右されるものではない。個人が必要な情報を入手するには、その個人の工夫努力にもよることが大きい。むしろそれが基本だろう。だから緊急事態など特別な場合を除いて、入手可能な情報量の差がそのまま健聴者と聴覚障害者が必要とする情報の差となるなどと主張するつもりはない。

しかし、これは明らかに聴覚障害者と健聴者に保障される機会の不平等を示している。聴覚障害者にとって、テレビの「手話・字幕」の保障の程度が文化的生活の指標になるだけでなく、時として命にも関わる権利保障の基本的な指標の一つとなる。このような聴覚障害者の指標が軽視されている現状は何としても改善されなければならない。

二　聴覚障害者情報保障の壁は何か

表1は総務省が主管する「次世代字幕研究会」が発表した字幕番組の現状と目標である。それによればＮＨＫ（日本放送協会）は、当初二〇〇七年度としていた字幕付加番組の一〇〇パーセント目標達成を、二〇〇六年度に前倒しすることにした、とある。しかし、この一〇〇パーセントという数字はあくまでも字幕付加の可能な番組に対する割合であり、全番組に対しては四一パーセントにしかならず、民放にいたってはわずか一四パーセントに過ぎない。これで聴覚障害者の情報を得る権利は守られたといえるだろうか。このことをもう少し詳しく考えてみよう。

表１　【参考】字幕拡充計画

放送事業者	字幕付与可能な総放送時間に占める字幕放送時間の割合		総放送時間に占める字幕放送時間の割合	
	2000年（平成12年）度実績（注１）	2007年（平成19年）の目標値（注２）	2000年（平成12年）度実績	2007年（平成19年）の目標値
ＮＨＫ	67.6%	100%（2006年度に達成）	19.8%	41.9%（2006年度）
日本テレビ放送網㈱	98%	84.2%	3.2%	28.0%
㈱東京放送	14.2%	85.3%	3.6%	35.3%
㈱フジテレビジョン	7.9%	88.3%	3.7%	32.0%
全国朝日放送㈱	6.1%	90.0%	2.4%	32.3%
㈱テレビ東京	4.8%	80.4%	3.8%	37.1%

（注１）NHKについては、平成12年7月24日（月）～30日（日）の１週間調査（上半期調査）と平成12年12月4日（月）～10日（日）の１週間調査（下半期調査）との加重平均によるもの。民放キー５局については、平成12年度下半期調査によるもの。
（注２）系列局分については除外。
（注３）平成13年10月現在のレギュラー番組編成表案を基にすることを前提として作成された。

「次世代字幕研究会報告書の概要」（2002年4月）より

第一の問題は、「次世代字幕研究会」が全番組に対して一〇〇パーセントでなく、字幕付加に「技術的に不可能なものを除く」という条件を自ら設定したことである。これはリアルタイムで字幕付加を行わなければならない番組などを除くことを意味していると考えられるが、恣意的な枠組の設定というほかない。

技術は日進月歩である。ある時点での「不可能」を早々に固定化してしまうことは適切ではなく、日進月歩する技術に応じて「不可能」条件は年々見直されるべきであり、最終的には条件そのものをなくさなければならない。

この条件を設定した二〇〇〇年時点と異なって二〇〇二年の現在では、既に全ての番組に「手話・字幕」付加が技術的に可能となっているはずである。今やこの「技術的に不可能なものを除く」という条件は撤回されるべきであり、全番組に対する「手話・字幕」付加の割合を一〇〇パーセントとする目標値を示すべきであろう。

第二の問題は、総務省が所管するこの「次世代字幕研究会」が、その目的を「高齢化の進展等に伴い難聴者、中途失聴者等のアクセス機会の均等化がこれまで以上に求められており、字幕への期待が高まっている」としていることである。しかも、この公的な「次世代字幕研究会」が「難聴者、中途失聴者等のアクセス機会の均等化」のためとしながら、その構成メンバーに対象となるべき聴覚障害者、難聴者・中途失聴者を一人も含めず、器材メーカー、制作側のテレビ局の代表によってのみ構成していることである。

一九八一年の国際障害者年にあたり国連総会が決議した「障害者に関する世界行動計画」(第三七回国連総会決議三七／五二、一九八二年十二月三日)はその九三項において「加盟各国は、こうした障害者の諸組織との直接の接触を確立し、これらに対しそれらの組織がかかわりのあるすべての分野についての政府の政策及び決定に対し、影響を及ぼしうるような方途を設けなければならない」としている。

テレビ番組の字幕付加の問題については、聴覚障害者、難聴者・中途失聴者が当事者である。それにもかかわらず、当事者を排除して当事者にかかわる政策、制度を立案するようなことは、時代錯誤というべきであろう。総務省に障害者の権利を保障するために公的責任を果たすという意識は見ることができない。

第三の問題は、政見放送の「手話・字幕」付加にかかわる問題である。政見放送に「手話・字幕」を付加しないことは、聴覚障害者に対する参政権を保障しないことであり、それは差別である。さすがにそれは総務省も認識していると思う。しかし、それでも完全に実施されない理由は、一つに「技術的に不可能なもの」という当局の見解・立場があり、さらに公職選挙法という壁のためである。

「技術的に不可能なもの」すなわち手話については、この放送を担当する自治省(当時、現総務省)の見解によると、参議院比例代表選挙はともかく、選挙区が細かく分かれる同選挙区選挙及び衆議院選挙では、「出演する手話通訳士の不足」を理由として実現していない。しかし、それを担当する手話通訳士協会は、全国的な連携によって地域的な手話通訳士の不足はカバーできると認識している。実際問題として適切な費用保障があれば実現するもので、これは総務省における予算措置によって解決するはずのものである。

三 「手話・字幕」の問題

これまで「手話・字幕」について一括して論じてきたが、手話と字幕についてはその正確性、つまり手話については正確に通訳できるか、字幕については正確に字幕化できるかという、それぞれに性質の異なった問題があった。

まず、手話通訳については当初、その通訳の正確性を保障できないということで手話付加は認められなかった。これは翻訳の正確性とは何か、という問題につながる。例えば、外交文書での英文の日本語翻訳の正確性をどう保障するかという異なる言語間の問題と同じ質のものである。それを翻訳する人に資格を設けるか、経験的に解決するしかないものであるが、それは誤りもあることが暗黙の前提とならざるを得ない。

その後一九九九年に厚生労働大臣（当時、厚生大臣）公認の手話通訳士制度が発足したことで、手話通訳士の専門性が認識されるようになってきた。例えば先の政見放送においては通訳にあたる人の資格として手話通訳士資格の所持を条件にすることで、政党の責任で参議院比例代表選挙に限って手話を付加することが認められるようになった。これとて政党の責任、参議院比例代表選挙に限定という条件があるので、聴覚障害者の政見放送をみる権利を完全に保障したものとなっていない点に問題は残る。しかし、手話通訳の資格を手話通訳士に認めたということは大きな前進といえる。

次いで字幕については、現行の公職選挙法（第一五〇条一）では「録音し又は録画し、これをそのまま放送しなければならない」とされているところから、字幕を付加することができない理屈となっている。「これをそのまま放送」という意味が字幕を話すことばとまったく同じに、一言一句正しく、漏れなく付加するという意味なら、この法律では字幕付加の実現は無理であろう。

なぜならまず、法規とは別に字幕を入れるオペレーターの側に技術的困難（完全な正確性を保持する点から、字幕の完全な時間的同調は無理）があり、視聴者側にも仮に話す言葉にリアルタイム字幕を付加して「これをそのまま放送」したとしても、単位時間内の字数が多くて、読むには文章が長くまた早すぎ、読み切れないという問題がある。聞くと読むとでは、後者のほうが時間がかかるからである。これは視聴者にとって読みやすい形で字幕を要約して放送する以外に解決の道はなく、字幕付加にかかる問題を現行の法律を前提にしたり、その運用によって解決しようとすることがそもそも無理なのである。

もともとこのような法律を制定した側に聴覚障害者の存在自体、さらに聴覚障害者の権利は念頭になかったであろう。その結果、この法律は致命的な欠陥、すなわち障害者の人権無視を実現したものとなった。

論議は憲法第一四条「法の下の平等」にさかのぼらざるを得ない。この条項は「人種、信条、性別、社会的身分又は門地により、政治的、経済的又は社会的関係において、差別されない」としている。ここには、「障害者」という名称は明らかには表れないが、だからといって第一四条は障害者を差別してもよいといっているのだろうか。今やそのような理解は常識的に通用しない。だとすれば、「法の下の平等」に反し、障害者を結果として明らかに「政治的に差別している」この公職選挙法の条項を改正すべきであろう。なお、法とはその第一位に憲法をいうことはいうまでもなく、この原点にさかのぼって公職選挙法の当否が問われるべきであろう。

四　障害者の権利を奪う「著作権法」

さきに見た「公職選挙法」がそうであるように、法律の制定時点で障害者の存在を意識しなかった、あるいは意識できなかった結果、障害者を差別している法律は数限りなくあり、それだけでなく、今も新しく作られている。「障害者の存在を意識しない」ということは一つの無知というべきである。しかし、その無知は事実上、障害者の人権を無視することになり、障害者差別を生む原因となる。それは、その法律をそのままにしては解決できない矛盾をはらんでいるから、法律自体の改正によってしか根本的な解決を図ることはできないといえる。

この具体例の一つに著作権法がある。聴覚障害者にとっては、コミュニケーション保障、情報保障を図ることが重要な視点の一つである。

ところが、聴覚障害者にとって「著作権法」はテレビにおける「手話・字幕」の付加を妨害する元凶となっている。「著作権法」のバックボーンとなっているのは、憲法にいう表現の自由であろう。表現の自由とは、自由に表現する権利保障のことをいう。

表現の自由が重要なことはいうまでもなく、表現の自由の担い手となる表現する側の人たちにその権利を保障することは当然である。しかし、表現の自由は視聴の自由を対価として、あるいは相互依存として成り立つものである。視聴の自由とは、自由に視聴する権利を保障することである。

身体的な障害がなければ、人はそのままで視聴の自由が保障される。ところが、聴覚障害者や視覚障害者はそのままでは自由に視聴する権利は保障されない。人はこのような問題になかなか考えが及ばない。その結果が、いろいろな聴覚障害者や視覚障害者に対する視聴の権利を奪うことになっている。視聴の自由がなければ表現の自由はあり得ない。聴覚障害者や視覚障害者に対する視聴の権利を奪うことによって表現の自由も、また奪われていることに留意してもらいたい。

例えば「著作権法」第二〇条に「同一性保持権」として「著作者は、その著作物及びその題号の同一性を保持する権利を有し、その意に反してこれらの変更、切除その他の改変を受けないものとする」と規定されている。この規定がテレビ番組あるいはビデオにおける「手話・字幕」の付加を「同一性保持権」の侵害として、「手話・字幕」の付加にあたっては、著作権者の承諾を義務づけている。テレビ番組あるいはビデオの著作権者はいくつにも分かれていてその承諾は容易ではなく、仮に承諾が得られたとしても、多くの場合その承諾には金銭的な対価が要求される。それでは聴覚障害者の希望する番組に自由に「手話・字幕」を付加することはできない。

では、聴覚障害者の視聴の自由はどのように保障され得るのか。それは、金銭を担保として保障されているのが現状である。つまり現行の著作権法は、著作権者は聴覚障害者の視聴の自由を奪い、その結果として聴覚障害者に対して表現の自由を主張できないでいる。

視覚障害者の場合、著作権の制限として第三七条一項「公表された著作物は、点字により複製することができる」と規定があり、これによって公表された著作物を自由に点字化できる。これは、視覚障害者に対して視聴の自由を一部とはいえ認めたものとなっている。しかし、録音テープなどの制作の自由は二〇〇〇（平成十二）年の改正でようやく視覚障害者情報提供施設など一部で認められただけである。これでは視覚障害者の身近にある図書館などで気軽に録音テープの提供などを受けられず、視聴の自由の制限になっている。眼の見える人は自由に読めるが、眼が見えなければ聞くのが一番良い方法と思う。点字に翻訳すれば読めるが、点字を読むより音で聞くほうが楽なはずである。視覚障害があるために読むことができない上に、聞くことも制限され、点字というより困難な条件の下で読まざるを得ないようにすること、これは露骨な差別であるだけでなく残酷な仕打ちというより他ない。

一方、聴覚障害者の視聴の自由を保障するために、二〇〇〇年に改正された新著作権法では第三七条の二に「専ら聴覚障害者の用に供するための自動公衆送信における字幕の付加」が認められるようになった。しかし、この自動公衆送信とは法改正当時の理解ではインターネットをさしており、そこから文字情報を得ようとすれば、そのためのパソコン等の器材と電話料等の費用、さらにそれを操作する技術が別途必要になる。

聴覚障害者の多くは高齢者である。多くの高齢者にとってパソコンを操作してインターネットをつなぎ、さらに複雑な字幕を呼び出すことは到底不可能である。しかも、テレビと別画面となるために、パソコンとテレビが並べられる大きな部屋が必要となり、テレビ画面と字幕だけのパソコン画面を首振り人形のように見なければならない。このような複雑怪奇な器材と技術を必要とするものによる視聴とは、自由な視聴にほど遠く、およそ現実的ではない。

もっとも、二〇〇〇年文化庁は通信衛星を利用した「目で聴くテレビ」で字幕送信を行う「ＮＰＯ・ＣＳ障害者放送統一機構」を自動公衆送信事業者と認定した。この方式は「目で聴くテレビ」の送る字幕を普通のテレビ画面に合成するもので、独自のチューナー「アイ・ドラゴンⅡ」が必要になるが、聴覚障害者も容易に同一画面で字幕を視ることができるようになった。

また、厚生労働省も二〇〇二年に「アイ・ドラゴンⅡ」を「聴覚障害者情報受信装置」として障害者日常生活用具に指定、聴覚障害者に給付することにした。これは前進であるが、「ＮＰＯ・ＣＳ障害者放送統一機構」の運営には公的助成がないので、運営資金はもっぱら障害当事者や協力者によって賄われているのが実情である。

聴覚障害者、視覚障害者の視聴の自由の制限となっているのは、「専ら誰々のため」と人の範囲を限定しただけでなく、その権利保障の範囲を極めて厳しく限定したためであり、聴覚障害者、視覚障害者に対する厳しい権利制限となって作用せざるを得ない。これは、逆にいえば聴覚障害者、視覚障害者の権利に対する配慮が現行法から漏れているのに、その欠陥に触れないで解決しようとしたためである。

理念的には「完全参加と平等」の実現のために、理論的には「憲法の下での平等」を実現するために、法律に漏れた対価として聴覚障害者、視覚障害者など障害者の権利をより上位の法律で一〇〇パーセント保障するか、法律そのものを改正するしか解決はない。

五　解釈の進歩か、理論の進歩か

手話あるいは手話通訳が正確か否か、そもそもの論議からみるなら大きな進歩がある。手話については、かつてろう学校の教師たちが「手話は語彙が少なく、『て』『に』『を』『は』の助詞がない」というようなことでその言語としての不完全さ、不正確さを強調したものである。それに対してろう者の側は「手話は言語である」と主張した。音声日本語しか頭にないろう学校の教師たちがみれば、「手話は語彙が少なく、助詞がないように」みえたかも知れないが、世界の言語からみれば手話はそのままで言語の一つであり、そのようにみえる言語はどこにでもある。いまや手話言語論を正面切って反論できる者はいない。

かつてNHKは手話は音声日本語を正確に再現できないから、テレビ画面に手話通訳をつけることを拒否した。ろう者の側は手話における正確性とは何か、それは要するに意味が正確に通じることであるという論理で対応した。言語が違えば意味が違うのも当然である。それを前提にすれば相対的な正確性でしか、正確をいうことができない。これは英語と日本語など異なる言語間の翻訳についてもいえることである。

またNHKは字幕付加について、「ニュース等は一〇〇パーセント完全に正確に、画面で話される音声を再現できない、そうでないと視聴者から苦情が出る」等の理由で拒否した。もっともそのことでNHKは字幕化を断念したわけではなく、字幕化のためにシステム開発等それなりの努力は続けている。

しかし、その当時ろう者側は、一〇〇パーセント完全に正確でなくともよい、多少間違いはあっても、全然ないよりましだということで字幕付加の早期実現を要求した。その結果現在ではニュース番組に部分的ながら字幕が付加されるようになった。実際に誤字、脱字等は多いがそれについてろう者側はもとより一般視聴者から苦情が出たという話は聞かない。ろう者も一般視聴者も、ＮＨＫの努力を温かく見守っているというのが実情だと思う。

これらの一連の経過は、法制度解釈の変化というより障害者の権利保障の理念が現実を動かし、法的制度における理論的な発展を促したということを示していると思う。

政治や経済に関して法律は、それに関わる者の悪意を警戒しなければならないが、こと障害者の人権に関しては、それに関わる者の善意を期待していいのではないだろうか。もとより、これは一般論に過ぎず、具体的には個々の事例を検討しなければならないだろうが、法律において障害者の人権を守る視点は、基本的に全ての人権を保障する視点に繋がり、結果的に、関わる人々の悪意を排除する視点となるのではないか。

六　国際的動向

一九八一年の国際障害者年をスタートとして国連による「障害者に関する世界行動計画」の設定、その流れの中で九三年から二〇〇二年までを「アジア太平洋障害者の一〇年」とすることがアジア太平洋経済社会委員会（ＥＳＣＡＰ）により決定された。

そしてそれらの一連の動きの中で政府の「障害者施策推進本部」が設定した「障害者に関わる欠格条項の見直し」が推進され、また国内の障害者運動のバックアップによって画期的な成果を上げつつあると思う。

法律に関わる分野では、国連の決定に関わる「障害者に関する世界行動計画」（一九八二年）、「障害者の機会均等化に関する国連基準規則」（九三年）、ＥＳＣＡＰの決定に関わる「アジア太平洋障害者の一〇年・一二の行動課題・一〇七項目の目標」（九二年）のなかで、「障害者に対する制限条項を廃止、改正する」とともに「障害者の権利を擁護する基本法の確立、実体法の改正等」等の課題を提起している。日本における「障害者に関わる欠格条項の見直し」では、「障害者に対する制限条項を廃止、改正する」として多くの法律の中で直接眼に見える形で、障害者差別をはっきり表現している法律を一部改正したにとどまっている。

「障害者に関わる欠格条項の見直し」は第一歩に過ぎない。「障害者の権利を擁護する基本法の確立、実体法の改正等」はこれからの課題である。

わが国には「障害者の権利を擁護する基本法」の位置づけで、「障害者基本法」があるが、それはさきにみる「公職選挙法」「著作権法」等の存在を許容しているという点だけでも実効性がないことは明らかであろう。

幸い、二〇〇一年の暮れに国連総会は各国に障害者差別が根深く残っていることを認識したとして「障害者権利条約」の制定推進を決議した。そして、二〇〇五年五月までの段階では、権利条約特別委員会が五回開かれるなど、事態は急速に進んでいる。わが国もこの流れに取り残されず、さらに積極的な推進力となるように努めなければならない。その責任は政府にあると共に、それをして積極的な姿勢に立たせる障害当事者組織の統一的運動も重要である。

国連は、各国の政府が一票の権利を握っている。障害者がそれぞれの国において、組織的に結集して政府に働きかけなければ「障害者権利条約」を制定できないし、それに対して積極的に動くような政府でなければ、条約制定の次にくる各国における批准でも困難に直面するかも知れない。

順序として「障害者人権条約」の制定、批准、関係国内法の整備などを通じて、わが国の実体法の改正が課題に上ってくる。いずれにしても障害当事者の関与は欠かせない。

今のＩＴ技術はデジタルデバイド（情報格差）を加速する結果となっているが、それは当然であろう。わが国にはＩＴ技術を障害者のために制御、管理する有効な法的制度が整備されていないからである。技術は日進月歩である。技術は適切な管理の下で、例えば人権尊重、人権平等を基本とする政治と法律の管理の下でこそ「完全参加と平等」の有効な担い手となる。

（本稿は、『手話コミュニケーション研究』No.45、日本ろうあ連盟日本手話研究所発行、二〇〇二年九月、所収の原稿を転載した。）

7 事例紹介——なぜ差別禁止法が必要なのか

「障害者差別禁止法」作業チーム
担当　金　政玉・鎌田真和
かまた・まさかず……法律事務職員

はじめに

近年、ノーマライゼーション理念の一定の普及と、障害当事者の選択と自己決定の重要性が当事者自身からの主張として発信されることが多くなり、重要なテーマとして議論されるようになってきた。つまり、障害をもつ人の人間としての尊厳がようやく具体的課題として認知されるようになってきたと言える。

しかし、現状は、ノーマライゼーション理念の普及が表面的なレベルにとどまっているために、障害をもつ当事者自身が自らの権利を主張すればするほど、一方で、政府が「障害者プラン」（一九九五年）で公式に提示している障害をもつ人の「完全参加と平等」を阻害する四つのバリア（物理面、情報面、法律・制度面、差別意識・偏見）が、環境の障壁となって当事者の前に堅固に立ちふさがる実態が浮き彫りになっている。

今後、環境の障壁の解消に向けて、本当に実効性ある政策が具体化されなければ、障害をもつ人をとりまく様々な生活場面において、ますます個別的な差別・人権侵害事件が多発し社会問題化することが予想される。このことを放置すれば、現実の社会自体が一人ひとりの人間的な営みを受け入れる余地をなくし、弱くてもろい社会に向かって進んでいくことになることは避けられない。

障害をもつ人への差別禁止法（以下、差別禁止法と略）の実際上の意義は、第一に「何が差別なのか」を明確にした上で、その差別をした加害者に対して、環境改善を義務づけたり、損害賠償等のペナルティを課すこと。第二に「差別ではない」と主張するのであれば、加害者にその立証責任を課すことにあるということができる。

ここでは、次の点に焦点をあてて考えてみたい。

① 障害をもつ人にかかわる権利侵害の「事例検証」を通じて、現行の関係する法制度の問題点の所在とその背景を明らかにする。

② 「要綱案」（「障害者差別禁止法制定」作業チーム作成）と関連づけて、差別禁止法の必要性を明らかにする。

本「事例集」は、本当にささやかな氷山の一角としての事例の数であるが、これから障害者問題に出合い、障害をもつ人の差別や権利について考えていこうとする多くの人々に、「差別禁止法」がなぜ必要なのかを理解する上で、有効な参考資料としての役割を少しでも果たすことができれば幸いである。

なお、本「事例集」をまとめるにあたって、相川裕弁護士・池田直樹弁護士・大石剛一郎弁護士・黒岩海映《みはえ》弁護士・児玉勇二弁護士に、資料の提供や有益なコメントをいただきました。ここに記してお礼申し上げます。

事例1　県立養護学校生徒のマンツーマン水泳授業における溺死事件

一　経過と概要

(1)　事故は、一九八七年四月に発生した。県立養護学校高等部二年の男子生徒が体育授業の一環としての水泳訓練において、担任教諭からマンツーマン方式で指導を受けている最中に、多量の水を吸引して意識不明となり溺死した。

(2)　本件は、刑事事件として、捜査当局により担任教諭に対する業務上過失致死事件として立件され、同教諭は「生徒の足の動きに気をとられてその息継ぎの状況を確認しないまま、バタ足訓練を続けた」との過失により、罰金二〇万円の略式命令を受けた。

(3)　両親は、納得できず「同校の体罰的な訓練と教諭の強引な指導が原因」として、

①真の事実経過の究明と担任教諭に対する過失内容の正確な認定と責任について

②適切な逸失利益の認定（少なくとも一八歳未満の未成年者であるならば、障害のない子どもであるか否か、性別、職の有無、学歴を問わず、労働者の全平均賃金を基

礎に算出すべきであるという観点から）等について、裁判所の判断を求め、担任教諭と学校の設置者である県を相手に民事訴訟を提起した。

(4) 判決（一九九二年三月、横浜地裁）は、県に対して原告（両親）に総額二八六〇万円（慰謝料、葬祭費等）の支払いを命じた。（原告の損害賠償請求は七一五〇万円。）

(5) 裁判所は、争点になっていた障害をもつ子どもの逸失利益の算定方法については、「障害児であることを考慮して算定すべきだ」とする県側の主張を全面的に受け入れ、「健常児と平等に扱うべきだ」とする両親の主張を退けた。その内容は、同養護学校の過去の進路状況などから、生徒が県などの補助金で運営される地域作業所で働く蓋然性が高いと判断。その上で、同作業所で働いている障害をもつ人の平均年収七万円余を基準とし、総額で約一二〇万円を算定した。

二　結果—問題の所在

(1) 「逸失利益」については、例えば人が死亡した場合、それによりその人は、その事故がなければ、働いて得ることができた収入を得られなくなったのであるから、事故がなければ被害者が取得できたはずの現実的な収入・利益（逸失利益）の喪失として、損害賠償の対象とする。この算定は、被害者の現実に得ていた収入を基準としてなされる。無職者や幼児の場合は、通常、労働者の平均賃金が基準となる。

(2) こうした「逸失利益」の判例通説（差額説）の考え方では、障害をもつ人の労働能力が大きな問題となる。つまり、そもそも仕事につけない（労働能力のない）障害をもつ人は、事故がなくとも収入がなかったのであるから、「逸失利益」はない（ゼロである）ということになる。被害者が障害をもつ人で、働いていない、または働けないというだけで、逸失利益は「ゼロ」となるのであり、この判決では、障害をもつ人が働くことのできない社会（環境）の側の問題は、完全に無視されている。

(3) 「差額説」に基づく「逸失利益」を争点とした判例

①区の在宅障害児訪問指導員が脳性マヒの子どもを乗せたベビーカーを横転させた事故のため脳性マヒが悪化したという事案について、事故と脳性マヒ悪化との因果関係を認めた上で、慰謝料（総額四五〇万円）は認めたが、「逸失利益」（四三六四万八五六七円を請求した）については、被害者が「本件事故直前において、将来就労が可能であるか全くの不明」として、全く認めなかった（一九九〇年六月、東京地裁判決）。

②ベーチェット病に罹患し、身体障害一級の認定を受け

ていた障害をもつ人が、交通事故による後遺症が残った。事故の一カ月前白内障の手術を受け、視力がだいぶん回復し、事故当時、就職準備を整えていたという事案について、平均年収の三分の一を「逸失利益」算定の基礎とした（一九八九年五月、神戸地裁判決）。

③七歳五カ月の自閉症の男児が交通事故により障害等級一級三号の後遺症を受けた事案について、事故当時、言葉を全く発することができず、小学校の就学猶予を受け、知的障害児施設に入園中であったという状況から、「本件事故に遭遇しなければ有給の労働者として就労し得る精神的、肉体的条件を具有しうるに至ったであろうと認めることはできない」として逸失利益を認めなかった（一九八八年七月、東京地裁判決）。

三　課題―差別禁止法との関係

(1)　「逸失利益」をめぐる問題は、ノーマライゼーションの理念が、いかに表面的なものであり、現実の裁判規範とは大きく乖離しているかを示す象徴的な意味をもっている。そもそも損害賠償の制度は、損害の公平な分担をその重要な使命とするとされているにもかかわらず、このような判例の結果は、あまりにも不平等であり憲法に違反する法解釈である。

(2)　社会が障害をもつ人を受け入れず、企業の法定雇用率（現行一・八％）自体が低いにもかかわらず、実雇用率の平均が法定雇用率に一度も達したことがなく、長年にわたって一・四～一・五％にとどまっている現状をそのままにして、「逸失利益」に関するこのような判例が出されるのは、障害をもつ人の人間としての尊厳がいかに一般市民と同等に認められていないかを浮き彫りにしている。

(3)　ＡＤＡ（障害をもつアメリカ人法）では、雇用主に対して、「職務を遂行できる能力をもった障害者」をその障害を理由にして（例えば車いす用のトイレがないなど）、雇用しないということがあってはならないとしている。

差別禁止法において、事業者に対する「配慮義務」を課すことにより、障害をもつ人が一般就労に就く事例が増えることによって、裁判で「逸失利益」が争点になったときに、現状の「判例」が非常に差別的な発想によるものであることが認知されていくことになる。

（担当　金）

事例2　東京S学園・体罰事件

一　経過と概要

(1)　自閉症児と診断されたMちゃん（女児、当時四歳）の障害が軽くないこともあり、受け入れる保育園や幼稚園が見つからないなかで、何とか入園できたのがS学園だった。

S学園は、O市（東京都）の心身障害児通所施設条例一条に基づき、心身障害児を通園させて保育、訓練及び指導を行い、その社会的自立の助長と福祉の増進を図ることを目的として設置され、その管理・運営をO市社会福祉協議会に委託した通所施設である。

(2) 一九九〇年四月にS学園に入園したMちゃんは、しばらくすると入園前よりも強いパニックを起こすようになった。例えば大きな声を発して泣き叫んだり、足をばたばたさせたりという混乱した状態の程度が激しく、時間も長いものとなり、夏頃になると、家でお母さんが少し叱ったりすると、本能的におでこに手をかざすという防御姿勢を取り始めた。九一年三月、お母さんがS学園に行った際、K保母がMちゃんに往復びんたをしているところを目撃した。Mちゃんが叱られると防御姿勢をとることが多い原因が、目の前の衝撃的事件でようやく明らかになった。

(3) K保母は「信念でやっていることだから」「嫌ならやめれば」と言い放つだけで、とりあおうとしない。お母さんは、そこでMちゃんを連れて帰るということは、公然と抗議の意志を表明することであり事実上の退園を決意することになるが、その後の受け入れ先がない状況を考えると決心がつかなかった。その後もK保母の「対応」はまったく変わることはなく、日常的な強制的暴力的な指導はつづき、最後には運動会の練習日にK保母がMちゃんの左右の太ももを両手で三回たたき、平手で頬を殴打し鼻血が出るまでにおよんだ体罰を目撃したお母さんは、東京弁護士会の「子どもの人権救済センター」に相談し、弁護士に頼んで解決を図ることになった。

(4) その後、Mちゃんの両親と弁護団は、はじめから裁判を考えていたのではなく、話し合いの中で解決を図ることにしていたが、K保母は、市やS学園の運営責任を負う社会福祉協議会に「ご迷惑をかけて申し訳ない」と言うのみで、被害者には話し合いの場で直接一言もあやまろうとしなかった。

また、当該の社会福祉協議会も「お世話になっているのだから、そんなことで騒がなくてもいいではないか」という対応で、Mちゃん本人と親の悲しさ、悔しさなどを微塵も考えようとせず、結局、K保母・社会福祉協議会・O市からは事実を認めて謝罪するという対応がみられず、体罰禁止と暴力をなくすという点で一致点をみることができなかったため、裁判に訴えることになった。

(5) 裁判における原告（Mちゃんと両親）の主張は、主に次の点である。

①被告（K保母）は原告（Mちゃん）に対して、日常的にヒステリックと言えるような暴行、傷害、強制、暴言等を加え続け、人権侵害行為を繰り返した。これらの暴行、傷害、強制、暴言等は、自閉症障害児に対する保育・指導の名に値しないことは明白であり、誤った「生活経験主義」「訓練主義」に基づく独善的行為にほかならない。

②被告は、原告の訴えにまったく耳を貸さず、自己の誤った障害児教育を押しつける態度に終始し、また、社会福祉協議会・O市は被告の人権侵害行為を容認した。このことによって、原告は精神的苦痛を受けただけでなく、親権者の有する教育権に対して重大な侵害を受けた。民法七〇九条（不法行為の一般的要件・効果）に基づき、被告（Mちゃん）の学習権、発達権の侵害及び親権者の精神的苦痛に対する損害を賠償する義務がある。

(6)　訴訟における審理においてもK保母側の対応は変わることなく事実関係をことごとく否認し、逆に自分の正当性を文書で主張した。そのためにO市の地域では、被害者であるMちゃんではなく、加害者であるK保母を支える集団ができてしまった。体罰裁判ではよくあるとも言われるが、被害者が、体罰を受けた子どもと親ではなく、むしろ暴力を加えた教師になってしまい、その時の教師に同情する周囲の言葉が、少々の行き過ぎはあったかもしれないが、本来は「熱心ないい先生だ」ということに簡単になってしまう実態がある。

(7)　判決（九六年）は、前記(3)の運動会の練習日におけるK保母の体罰はほぼ認めたが、それ以外の事実関係については、ほとんど認めず、慰謝料わずか三万円という驚くべき低額のものとなった。

二　問題の所在

(1)　前記「一　経過と概要」—(5)の原告側の主張点として、「（K保母の）これらの暴行、傷害、強制、暴言等は、自閉症障害児に対する保育・指導の名に値しないことは明白であり、誤った『生活経験主義』『訓練主義』に基づく独善的行為にほかならない」ことが指摘されている。このことは、とくに自閉症児に対しては、社会的な場面でのコミュニケーション能力が発達していないということから「行動療法」に基づく「指導」が適用されてきた実態を表している。「行動療法」の特徴は、望ましい行動を起こしたときには褒美を与え、望ましくない行動を起こしたときには罰を与えるという、動物の調教をモデルにしたもので、指導者からみてなかなか思いどおりにならないと子どもに対する虐待につながりやすく、またそもそも効果もないと言われ、現在では「罰的対応」は見直されてきている。

(2)　K保母は、この「行動療法」に頑固にこだわり、その問題性を認識しないまま体罰を繰り返す「指導」を行ってきたと言える。この考え方の起点になっているのは、「障害は訓練をして治さなければならないもの」「知的に教えるというよりは、身体で覚えさせる」という「訓練主義」であり、障害を個人の問題とする最悪の「医学モデル」に基づく「行動療法」が背景になっている。

(3)　さらに深刻なのは、こうした「訓練主義」に基づく「指導」を行う教師が、前記一の(6)で指摘しているように、周囲から見ると「熱心でいい先生」となってしまい、さらに判決を言い渡した裁判官自身もK保母が自己正当化のために審理に提出した「文書」にひきずられて日常的な体罰の事実関係をほとんど認めず、極端に低い慰謝料を認定してしまっている。つまり、「障害は訓練をして治さなければならないもの」という「訓練主義」とそれを支える社会の差別意識と偏見がいかに根強く存在しているかを明らかにしている。

三　課題―差別禁止法の必要性

(1)　「医学モデル」を前提にした「障害者観」は、伝統的に障害をもつ人を恩恵と保護による福祉施策の「特殊な存在」とみなしていく法的根拠の背景になっており、市民社会のあらゆる場面で対等な構成員として存在することを阻害してきた。

(2)　現行の障害者基本法は、旧法（心身障害者対策基本法）の優生思想と深く結びついた「心身の障害の発生予防」または「更生」と「保護」に基づく古くからの障害者施策の要素を根強く残し、「施設への入所」（第一〇条二の1項）、「重度障害者の保護等」（第一一条関係）の規定によって、当事者に対して障害の軽減と克服への努力を押しつけ、「自立することの著しく困難な」重度の障害者に対しては、保護の観点から隔離・収容型の施設入所を引き続き推進するということが明記されている（当該条項は、二〇〇四年の改正で削除）。

(3)　このように見ていくと、「障害」を個人の問題ではなく、障害をもつ人の差異（特性、ニーズ等）を踏まえた人間的尊厳の尊重を原理とする視点から、「障害の定義」と「差別の定義」を社会的環境要因との関係を通じて明確にし、その阻害要因の除去を求める「社会モデル」への転換を押し進めていくことが差別禁止法の基本的課題であることを、本事例は、あらためて私たちに教えてくれている。

（担当　金）

事例3　JRトイレ訴訟

一　経過と概要

(1)　一九九五年頃、車椅子を利用する障害をもつ人が、思い出のある小海線（小淵沢～小諸間）に乗ろうとして、車いす対応トイレが列車に設置されているか調べたところ未設置だったために旅行を断念した。また、日本海の景色や世界遺産にも登録された白神山地の景観を堪能しようと、五能線（川部～東能代間）での旅行を計画した。そこで同様に車両に車いす対応トイレが設備されているかどうかを調べたところ、やはり設備されていなかったため旅行を断念せざるをえなかった。

(2)　このように旅行の自由・移動の自由を阻害されたことは不当であるとして二〇〇〇年六月に、JRと国を相手取り損害賠償請求訴訟を東京地裁に提起した。

(3)　提訴時は計画段階での断念であったが、提訴後裁判所へ実態を報告しようと、原告は五能線の列車に介助者らと乗った。朝食から水分を控え体調を整えての乗車であった。

介助者らは、飲食をしながら沿線の景色を楽しむことができた。障害をもつ原告は途中トイレに行きたくなったが、車いす対応トイレが設置されていなかったため、トイレをがまんするのに精一杯となり、とても旅行を楽しむという状況にはならなかった。また、原告が乗車していた車両から、トイレを見ようと移動しようとしたところ、連結部が狭く車椅子のままではトイレまで車内を移動できないということも明らかになった。

(4)　原告側の訴えは、

①障害をもつ人も旅行を楽しむ自由があり、旅行を楽しむには、列車にトイレが設置されていることは必須の条件である。にもかかわらずJRは列車に車いす対応トイレを設置せず、車いす利用者の乗車を拒否している。民間企業であるとはいえ公共交通機関である同社のこうした不作為は、障害をもつ人に対する差別である。以上のJRの行為は憲法一三条・二二条に違反している。また通常のトイレは設置し、車いす対応トイレは設置しないのは、不平等であり憲法一四条に違反している。

②国は、国土交通省を設置しており、同省は鉄道事業に係る許可権限を有している。

何人も旅行の自由を有しており、それは憲法一三条に由来する。この自由は、障害を理由として制約されてはならず、国は相当の施策を講じることによって、その自由を保障する義務を負っている。

一九九〇年には当時の運輸省が鉄道用車両のモデルデザインを発表しており、そこには車いす対応トイレのデザインも含まれていた。国はJRに対してこのモデルデザインに基づき車いす対応トイレを設置するよう指導する義務があった。

更に九六年に当時の運輸省は『観光立国への戦略』という刊行物を発刊しており、その中で、観光を考える基本的視点として、すべての人には旅をする権利がある、移動の自由に制約のある人にとってはなおさら貴重なもの、といった趣旨の論述を記している。

国は、憲法一三条や障害者基本法等に基づき、障害をもつ人の旅行の自由を保障するための具体的な施策をとる義務があった。また「国連障害者の十年」以降こうした障害をもつ人の社会への参加を促進する施策を進めることは、国際的責任を負っているというべきである。しかるに国はその義務を怠った。

③加えて控訴審で新たに、国連の社会権規約を管轄する社会権規約委員会は、一九九四年に同規約二条二項の差別禁止規範に、障害をもつ人への差別も含まれることを明らかにし、今回のJRと国の姿勢はこの社会権規約に違反すると主張した。

(5) 二〇〇一年七月、第一審の判決があった。原告敗訴であったので、東京高等裁判所に控訴をした。その控訴審判決が、二〇〇一年一月二十四日に言い渡され、控訴棄却であった。

(6) 裁判所の判断は以下のようなものであった。なお、高裁は地裁の判断を踏襲しており、高裁独自の判断は、控訴審で主張された人権規約に対する部分のみである。

①体に障害をもつ人が車いす対応トイレの設置がされていない列車で長距離の移動をすることは、事実上難しいことは認められる。しかしながら、憲法二二条の「内容は自由権であり、各人が自己の好むところに旅行することについて、公権力による干渉・妨害等を受けることがないことを意味し、国に対し、旅行の自由を実質化するための積極的な作為を請求することはできないというべきである」。また、憲法は「私人相互の関係を直接規律することを予定していない」と、私人間の紛争に憲法規定を直接適用することについては、消極的姿勢を示した。そして憲法一四条についても「車いす対応トイレを設置することが理想であるが、憲法一四条によって保障された法の下の平等がそれを要求しているとはいえない」。

②国については、「行政庁に作為義務が発生し、権限を行使しなかった不作為が違法となるのは、法律上作為義務が規定されているか、行政庁にその権限が付与され

た趣旨・目的に照らし、権限の不行使が著しく合理性を欠く場合に限られる……そして、障害者基本法の諸規定は、国に対して施策の基本方針を示し、または抽象的な責務を規定するにとどまり、これらの諸規定が、障害者対策として特定の施策を実施すべき被告国の義務を規定したものとはいえない」。「以上によれば、被告国が被告JRに対し、……車いす対応トイレを設置するよう指導すべき義務はないといわざるを得ない」。

③国連の社会権規約の適用については、社会権規約委員会の意見は規約の解釈について、日本に対し法的拘束力を持つものではないとして、同社会権規約二条二項には「障害を理由とした差別の禁止を明示していない上、同規約中には、具体的に旅行の自由を権利として保障した明文上の規定はない」。

二　課題―差別禁止法の必要性へのつながり

障害者の移動に関わる法律として、通称「交通バリアフリー法」と呼ばれる法律がある。施行は、二〇〇〇年十一月である。この法律は、「公共交通施設および車両等の構造および設備を改善するための措置……を講ずることにより……（障害者等の）移動の利便性および安全性の向上の促進を図る」ことを目的としている（第一条）。また、その整備の対象となる施設・設備も、車両について言えば、「公共交通事業者等は、……車両等を新たにその事業の用に供するときは、……省令で定める基準に適合させなければならない」（第四条第一項）と義務づけは新造に限られており、現役車両については「努めなければならない」（同条第三項）と努力規定にとどまっている。いつものとおり、主体は行政と事業者であり、障害をもつ人は措置の結果の対象である。障害をもつ人などの、移動に関わる自由などの権利性については、一言もない。

この事件の一審判決の末尾にこのような記述がある。

「……以上説示したとおり、鉄道事業者に対し、障害者の利用を可能とするための具体的な施策の実施を義務付け、あるいは被告国にその指導を義務付けるだけの法律上の根拠は見出しがたいといわざるを得ない」

行政不作為の違法性については、不当なほどに消極的姿勢が司法判断には一貫している。その論理の根底には、行政には施策の実施にあたって幅広い裁量権が与えられているという考え方がある。しかし行政裁量が無制限に是認されるということはない。行政法の通説では、行政裁量には、羈束裁量（行政の裁量権が法規によって縛られている＝羈束されている、こと）と自由裁量と二種があるとされている。この自由裁量についても、その幅にはおのずから一定の限界が設定される。目指すべき理念や方向、国際的動向に規定され、課題によっては行政の裁量の幅はある一点へと収縮して行くべきときがあるのである。

本件のように実定法上明確に規定されていない権利を実現していくには、自由裁量とされる行政の裁量の余地を埋めていくような方向に現行法令の解釈を、いわば追い込んでいくような闘いが、今後も求められるだろう。

そしてまた、同時に行政や事業者に作為を義務付ける、明確な規定を持った差別禁止法の早期の制定も追及していかなければならない。ないなら創ろう、である。本件に則して求められる権利を名づけるなら「移動環境整備要求権」（池田直樹弁護士の提唱による）とでもなろうか。

なお、差別禁止法を不要とする立場の中には、障害者基本法の存在を挙げる向きもあるが、上に引用したとおり、障害者基本法が差別禁止についてまったく無力であることも、この判決は明快に指摘している。明快に義務付ける法律を創る必要があるのだ。

（担当　鎌田）

事例4　水戸アカス事件

一　経過と概要

(1)　茨城県水戸市にある紙工業を営むアカス紙器（当時）は、一九八〇年代後半から、養護学校卒業生などを多く採用し、九〇年には地元の職安から障害者を多数雇用する優良企業と指定されていた。障害者雇用に伴う助成金も多額を受けていた。

一九九五年当時で約三〇名の知的障害者が雇用され、その大半の二五名ほどが社員寮に暮らしていた。表向きは「障害者雇用の実績があり、社会貢献している」と事件が発覚しても報道されるような会社であり、その社長であった。しかしその内部では、すさまじい暴行、強姦を含む性的虐待が日常的に繰り返されていた。

また、賃金台帳をごまかすなどして各種の障害者雇用に関わる公的助成金を騙し取っていた。そして、助成金の対象期間が終了した従業員には暴力をふるって退職を強要したり、退職しない人の親には寄付金の強要をしたりしていた。

九五年に、寮から帰宅した子どもの体に殴られたような痕を見つけた親が、アカス紙器の社長に確認をとった。社長は自分がやったことを悪びれることなく認めた。親は悩んだが意を決して警察に被害届を出した。以前から、社員の何人かと付き合いのあった地元のダンス教室の主宰者が社員たちの救済に動き出すことになった。新聞報道もされ、弁護団や支援の動きがつくられていった。

(2) 水戸職業安定所は詐取された助成金の被害額を不自然なまでに低額でしか届け出なかった。水戸労働基準監督署は、最低賃金法違反など明確な違反行為が認められるにもかかわらず、積極的な動きを見せなかった。

水戸警察署は、本人たちの被害届や職安の被害届を受けて捜査を開始し、社長を逮捕した。捜査の過程で会社や社員寮で日常的に繰り返されていた暴行・虐待について自らも知った。

(3) 社長が逮捕された後に本人たちの弁護団が結成され、本人たちへのていねいな聞き取りが積み重ねられた。そうして数々の虐待の事実が明らかとなり、更なる告訴が行われた。しかし、水戸警察署は当初その受理そのものを拒否した。受理後も結局被害者の供述があいまいであるなどとして暴行のいくつかのみを取り上げ、水戸地検も助成金詐取の詐欺罪と共に一部の傷害・暴行事件で起訴をしたにとどまった。多くの性的虐待事件については、ついに立件されなかった。

(4) 社長に対する刑事裁判は、九七年三月に判決が言い渡された。有罪ではあったが執行猶予が付せられた。なお、この判決日に、執行猶予判決を不満とする被害者本人や被害者を支える人たちが、裁判所を出ようとする社長に対して謝罪を求めて取り囲むという事態が起きた。そのことを理由として、被害者本人たちを支える活動の中心的人物三人が逮捕され、起訴された。この事件では二人に実刑判決が出されるという刑事弾圧がなされている。二人は上告した。

(5) 社長に対しては、元従業員のうち三名が損害賠償請求訴訟を提起した。訴訟では、いずれ原告本人への尋問が行われる。そこで弁護団は、知的障害をもつ人に対する尋問の環境と方法についての研究をまとめ（『裁判における知的障害者の供述（研究報告）』（知的障害者の訴訟手続上の権利保護に関する研究会編著、二〇〇一年三月）、知的障害をもつ人を尊重するやり方での尋問を求めた。この研究では、知的障害をもつ人は、記憶力において劣るという見方は偏見であり、自己の体験に関する記憶は長期間保持されることを明らかにした。それを前提として、まず環境面については、①尋問期日を非公開にすること ②ラウンドテーブル法廷を使用すること ③証言をビデオに録画すること ④発語が不明瞭な原告には「通訳」を付すこと ⑤原告を精神的にサポートする付添い人を認めることなどを裁判所に求めた。

裁判所は、④については、法律的根拠がないことなどから認めなかったが、⑤の付添い人を親ではない人にすることも含めて、すべて受け入れた。方法面については、①具体的な質問をする、②混乱させる質問をしない、③日時を特定する質問の内容には留意する、④時間をかける、⑤誘導尋問はしない、⑥非言語的な表現の意味を特定する、⑦知的障害をもつ人の人格に配慮する点を挙げた。

(6) 今回の被害者の中には、警察署・福祉事務所・職安などをまわって、アカス紙器の実態を訴えていた人がいた。しかしそこで対応した誰もが、まともに話を受け止めず、放置していた。

二 課題—差別禁止法とのつながり

この「水戸事件」は、権利法や差別禁止法の効果といった議論以前の次元の事件であるという側面もある。現行法によっても明確に犯罪を構成する行為がいくらでもあるからである。根本的な問題は、福祉事務所・労基署・職安・警察・検察・裁判所といった公的機関が、知的障害をもつ人に対する予断と偏見にとらわれ、彼ら彼女らの訴えにきちんと向き合わなかったことである。そこに悲劇を防げず、悲劇を引き起こし拡大させてしまった原因がある。現行法の中で託された権限を適正に行使していれば、事態は大きく変わっていたはずである。初期の頃に、被害者の訴えを直接聞いていた福祉事務所や職安は、何らの手も打たずに放置した。重大な職責懈怠であり、その責任は重い。警察や検察は、凄惨な性的虐待についての立件をついに見送った。被害者が知的障害をもつ人であったからである。突き詰めれば理由はこれに尽きる。それは単に供述の信用性が弱く、公判維持が難しいとかいう問題だけではないだろう。知的障害をもつ人の人権そのものが軽んじられたのである。

こうした事案ではあるが、差別禁止法とのかかわりで触れておくべきことは、知的障害をもつ人への補助のあり方であろう。今回提案している私たちの「要綱案」では、司法手続の中で、「知的障害・精神障害をもつ人が自己の理解の助けあるいは心理的安定を保持するために補助者を利用することはその者の固有の権利であり、いかなる場面においてもその利用を制限されない」とする規定を置いている。告訴などの場面でこうした配慮が今回もなされていれば、あるいは立件に持ち込めたかもしれない。また、「補助者を利用することはその者の固有の権利」であることを当事者が権利として具体的に行使できていれば、初期の時点で、福祉事務所や労働基準監督署等の公共機関に対して、予断と偏見による差別的な対応に抗議し、問題の放置をやめさせることができた可能性もある。

今回の民事事件に対する弁護団の取り組みはこうした規定の先取り的な実践であった。そしてその提案の大半を裁判所が受け入れたことは、画期的であり、今後の良い前例となったと言えるだろう。
また、この水戸の事件と同時期に滋賀県でも「サングループ」という知的障害をもつ人を多数雇用していた会社で虐待事件が起き、死者まで出ている。この事件をめぐっては国や県の責任を追及する行政訴訟が提起されている。

（担当　鎌田）

事例5「情報公開法に基づく障害者雇用における法定雇用率未達成企業名等の行政文書の開示請求に関する審査請求」に関する事案

一　経過と概要

(1)　二〇〇三年九月、厚生労働省東京労働局は、東京都内に本社がある法定雇用率（一・八％）の未達成企業約九〇四〇社の企業名とその実雇用率等の一覧を公開した。

この雇用率未達成企業名と実雇用率が開示されたことを受けて「情報公開制度で企業名が公開されたことは、制裁的な意味の公表とは性質の違うものだ。しかし、公開が日常的なことになることで企業の意識改革が進み、それが雇用率の底上げにつながることが期待される」（新聞報道）ことは、障害者雇用の前進にとって重要な意味をもつものといえる。

(2)　二〇〇一年十月、開示請求人（以下、請求人と略）が、東京労働局長に対して情報公開法に基づき、障害者雇入れ計画の実施状況報告書と雇用率未達成企業一覧の全面開示請求を行ったが、東京労働局長は同年十二月、不開示とする決定をしたため、二〇〇二年二月、請求人は厚生労働大臣に対して行政不服審査法に基づく審査請求の異議申立を行い、情報公開審査会（内閣府）において審査が開始された。

(3)　二〇〇二年十一月、情報公開審査会は「雇用率未達成企業一覧につき、障害種別の一部を除いて企業名等は開示すべきこと、また、障害者雇入れ計画の実施状況報告書については、企業名以外の雇入れを予定する障害者の数、雇用の状況及び計画の実施状況は開示すべきである」という画期的な「答申」を提出した。

(4)　二〇〇三年五月、東京地裁は、情報公開法に基づく同事案の請求に対して、情報公開審査会の「答申」を追認する判決を下し、こうした経緯を経て、同年九月、未達成企業名等の一覧が公表された。

二　問題の所在—障害者雇用率未達成の現状をどう見るか

(1)　周知のように、一九九八年七月一日から障害者の雇用の促進等に関する法律の一部改正が実施された。主な内容は、民間企業における法定雇用率を従来の一・六％から一・八％へと引き上げ、一人以上の身体障害者または知的障害者を雇用しなければならない企業の規模を、従来の常用労働者数六三人以上から五六人以上へと拡大したことである。法律上は、民間企業及び国・地方自治体（官公庁は二・一％）は、障害者を一定の割合で雇用しなければならないことになっている。

(2)　「障害者雇用促進法」（一九六〇年に身体障害者雇用促進法として制定）は、六七年に一定割合以上の身体障害者の雇用を義務付け、「雇用納付金」制度や各種の助成金の支給を開始した。つまり、この時点で現在の障害者雇用制度が始まったと言える。その後、七六年の改正により、雇用義務が「努力義務」から「法的義務」に変わり、八七年には法の対象を身体障害者だけでなく、知的障害者を含めた障害者に拡大する改正が行われている。

(3)　こうした流れのなかで、九八年に法定雇用率が〇・二ポイント引き上げられて現行の法定雇用率（一・八％）になっているが、それでは、この法定雇用率の引き上げによって、現在の不況下における企業の障害者雇用の状況を好転させることができているのだろうか。答えは「ノー」と言わざるを得ない。

(4)　厚生労働省は毎年一回、法定雇用率を達成する義務のある六万余の民間企業から、障害者の「実雇用率」の報告を求めて集計しているが、調査を開始した七七年から今日まで、調査対象企業の平均の「実雇用率」が法定雇用率に達した年は一度もなく、ここ数年は一・四％～一・五％台に張り付いている状態が続いている。

なぜ、このような結果を招いているのだろうか。法定雇用率に達していない企業は不足人数一人につき、月額五万円の障害者雇用納付金を納めなければならないが、この「雇用納付金」は、障害者雇用促進協会（現在の高齢・障害者雇用支援機構）を通じて障害者を多数雇用する中小企業主への報奨金等に充てられ、罰金とか制裁金という性質のものとはなっていない。そのために「雇用納付金」さえ支払っていればいいと安易に対応する企業が非常に多く、そのことが、平均の「実雇用率」が法定雇用率に現在も遠くおよばず、企業の法定雇用率を守る「義務」が形骸化している最も直接的な要因になっており、行政指導の強化が格段に求められていることは明らかだ。

三　情報公開審査会「答申」の評価できる点

請求人の不服申立に対して情報公開審査会が提出した

「答申」（二〇〇二年十一月）は、次の各点について情報公開法の趣旨を正しく解釈したものとして画期的な内容になっている。

(1) 情報公開法による公開と障害者雇用促進法（十六条）の公表制度との関係について

「答申」は、前者については、各事業者ごとの障害者等の雇用状況等の客観的事実が明らかになるだけであるのに対し、後者については、特に悪質な事業者名を公表するというところに意味があるものであって、趣旨、目的及び効果は全く異なると結論づけている。この点については、情報公開法と障害者雇用促進法双方の制度趣旨を正しく尊重して解釈したものとして高く評価することができる。

(2) 雇用率未達成企業一覧の不開示決定に対する妥当性の有無について「答申」は、次のように述べている。

第一に情報公開法による開示と障害者雇用促進法による公表とは趣旨、目的及び効果が全く異なるのであるから、雇用率未達成企業一覧を開示したとしても障害者雇用促進法による勧告、公表の効果が薄れるとは考えがたいこと。

第二に障害者の雇用については、障害者雇用促進法により事業者に雇用率の達成が義務付けられており事業者は着実な履行を求められていること。

第三に企業の社会的責任を考慮して、開示により行政と企業との信頼関係が損なわれ、指導の効果が薄れ、企業の障害者雇用意欲が減退するなどにより障害者の雇用が進まなくなり、当該制度の適正な運営に支障をきたすおそれがあるとは認められないと結論づけている。

四 課題―差別禁止法の必要性

(1) 割当制度（法定雇用率）は、障害者雇用の水準を例えばドイツやフランスなみの六%くらいに必要最低限引き上げるための一時的な積極的改善策として必要であるが、差別禁止法との関係では、あくまでも過渡的措置であり、それが実現できた段階では、法定雇用率は廃止される必要がある。一方、恒久的措置である場合には、少なくとも重度の障害者の優先雇用に具体的に道を開くものでなければならない。

しかし、現状の障害者雇用促進法に基づく法定雇用率未達成企業に対する行政指導の実態は、前項「二 問題の所在」で明らかなように、ドイツやフランスなみに法定雇用率の引き上げを検討できる段階からは、はるかに遠い低い水準にある。

(2) 差別禁止法によって雇用の機会均等化や実質的な平等を確保するためには、まず、採用条件、賃金、昇進等、労働現場において、障害を理由に差別することを禁じること。および、障害をもつ人が、自らの希望と特性を踏まえて職業を選択するために、必要な職業相談、職場斡旋、就労を維持するための支援等の公共サービスを提供しないこと等は差別であることを明記することが必要である。

(3) 実質的な平等を確保するために、行政指導上の方策として位置づけられるべき具体的職場環境の課題には、次のことが挙げられる。

① 職場内を多様な障害をもつ人が利用できるように設計し、適応させる方策。

② 新技術の利用と補助具・機器の開発と生産への支援を行い、障害をもつ人の就労の獲得と維持を可能にするために、障害をもつ人が補助具・機器を入手しやすくする方策。

③ 適切な訓練と配置、通訳サービス等の人的援助の継続的な支援。

④ 障害をもつ労働者への否定的な態度と偏見を克服するための人権教育・啓発キャンペーンを提唱し支援するための方策。

⑤ 公平な雇用昇進政策・雇用条件・給与・けがと損傷を予防するための職場環境の改善方策及びリハビリテーション方策。

(4) また、国の施策義務として、授産施設や小規模作業所等における賃金取得行為を正規の就労として位置づけることが必要である。こうした方策等を実施するためには、差別禁止法によって、国・地方公共団体の「施策義務」を規定して、企業に対して社会的責任に対する抜け道の余地をあたえないようにしていくことが不可欠である。

(5) 特に前記(2)(3)の方策は、障害をもつ人への差別禁止法に欠かすことのできない「合理的配慮」の内容に直接的につながるものである。

基本的に「合理的配慮」という概念は、社会参加への機会の平等化を前提にした上で、障害をもつ人をとりまく環境との関係で、個別的な阻害要因を具体的に取り除き、関係主体（雇用主やサービス提供を行う事業者等）に、本人との関係で可能な限り実質的な平等を実現する社会的責任と義務があるということを提起している。

(6) アメリカ、イギリスの障害者差別禁止法の「差別の定義」には、関係主体（第三者機関）が客観的に見て、雇用主のその能力（当該事業者の事業規模、従業員数、予算規模等）から見て、「合理的配慮」を行うにあたっての必要経費にかかわる財力があるにもかかわらず、雇用主の責任と義務を果たしていない場合には、「差別」に該当するという考え方が位置づけられている。このことから、例えば千人の従業員を雇う企業が、一人のろう者に対してコミュニケーション手段に対する必要な配慮をまったくしなかった場合には、「合理的配慮」を行わなかったと認定されてもやむを得ないという結論に行きつく可能性が大きくなる。

(7)　障害者雇用の実現は、障害者が必要なサポートを受けて自立して生きていくために欠かすことのできない課題の一つである。未達成企業の公表を求める取組みが、厚生労働省の障害者雇用に対する政策の下支えと企業が社会的責任を果たすことを促していく一つのきっかけとなり、障害者差別禁止法の確かな道筋に結びつく契機になっていくことが重要である。

（担当　金）

II

障害者差別禁止法

【第三次要綱案】

1 障害者差別禁止法（障害をもつ人への差別を禁止し権利を保障する法律）【第三次要綱案】

（＊二〇〇四年十二月十六日段階、二重傍線部分が第三次案訂正箇所。一重傍線は第二次案での訂正箇所）

障害者政策研究全国実行委員会内「障害者差別禁止法」作業チーム

はじめに

二〇〇〇年十月、ワシントンＤＣで障害に関する法制と政策をテーマとした注目すべき国際会議が開催された。同会議の報告によると、何よりも驚かされたのは、障害者に対する差別を禁止する法律を制定している国がすでに四〇カ国以上に及んでいるということである。

それらは、①刑法に差別を犯罪として処罰する規定を設けている国または、個別の法律中にその法律に違反した場合の罰則を定めている国、②憲法上明文で障害をもつ人の差別を禁止する規定を定めている国、③ＡＤＡ（障害をもつアメリカ人法）を典型とする、民事法で差別を禁止する国、④社会福祉法関連で規定のある国、などに四分類されている。

障害をもつ人に対する差別を禁止する法制は、国際レベルでも、法律を制定している国においては、すでに最低限の文化水準として不可欠の社会システムの一部になっていることが明らかになっている。

一九九〇年に制定されたＡＤＡ（障害をもつアメリカ人法）は、日本の障害者運動の当事者や支援者等に大きなインパクトを与えたが、十余年を経た今日、その現実性は、国際的な動向の中ではっきりと示されている。

また、国連「障害者の一〇年」を経て策定された「障害者の機会均等化に関する基準規則」（一九九三年国連総会採択）の各国における実施状況に関するモニタリングが二〇〇二年で終了し、今後の展開に関連して、二〇〇一年の国連総会では、所管の委員会において障害者の権利に関する国際条約の必要性について検討するための「特別委員会」の設置が決議された。

その後の同委員会においては、各国のNGOを含む代表者の活発な意見表明と議論が交されるなど、確かな進展をみることができる。

このような局面の中で、障害当事者をはじめとした多くの人々による下からの声と多様な取組みの集積によって、日本における「障害者差別禁止法」の可能性と実現性を具体的に求めていくことが基本的課題になっている。

なぜ障害者基本法の「改正」ではないのか

日本においてこの一〇年間、心身障害者対策基本法が障害者基本法（一九九三年）に改められ、ハートビル法や交通バリアフリー法、または契約型の福祉サービスの利用等について定めた社会福祉法などのいくつかの法律が制定された。しかし、いずれも権利の明記とその行使にあたっての国および地方公共団体、民間事業者等への義務規定ならびに差別の定義とそれを違法とする禁止規定がなく、国および地方公共団体の障害者施策の推進を促すことを基本とする努力義務を課す規定にとどまっている。

現行の障害者施策の包括的根拠となる障害者基本法については、主に次の問題を指摘することができる。

①同基本法の第一条（目的）では、旧法（心身障害者対策基本法の第一条）にあった「心身障害の発生の予防に関する施策」が削除（旧の第四条の「国および地方公共団体の責務」が第二六条の二に移行）され、「自立と社会、経済、文化その他あらゆる分野の活動への参加の促進」が明記された。

しかし、その一方で基本的理念（第三条二項）では「すべて障害者は、……あらゆる分野の活動に参加する機会が与えられる」となっている。つまり、障害者は「参加する機会」が恩恵的に「与えられる」対象とみなされ、障害者の社会参加を「権利として保障する」とはなっていない。

②「更生」と「保護」に基づく旧来からの障害者施策の枠―「施設への入所」（第一〇条の二の1項）、「重度障害者の保護等」（第一一条関係）にとどまり、当事者に対して障害の軽減と克服への努力を押しつけ、「自立することの著しく困難な」重度の障害者に対しては、保護の観点から隔離・収容型の施設入所を引き続き推進するという点では、〈脱施設から地域へ〉という明確な方向が打ち出されてい

ない。

③自治体の障害者計画の策定をはじめ、各基本的施策に関する規定が「努力規定」の枠内にとどまり、権利の確立に向けて政策としての実効性をあげていくことには構造的な限界がある。

④ちなみに、二〇〇一年八月、国連の社会権規約委員会は日本政府に対して包括的な差別禁止法を制定するよう勧告したが、この勧告は障害者基本法が差別を禁止する役割と実効性を有していないとの認識が前提となっていることに注目しなければならない。

個別法との関係

現状の障害者基本法と関連する個別実体法との関係は、基本法が包括的な理念法でありながら、身体・知的・精神障害の各福祉法またはハートビル法や交通バリアフリー法等に対して法的拘束力をもってはいない。その理由は、①前述したように、基本法に国及び地方公共団体、民間事業者等への義務規定ならびに差別の定義とそれを違法とする禁止規定がないこと。②国及び地方公共団体、民間事業者等に対して配慮義務を明記していないために、障害をもつ人への差別的扱いが結果として放置されてもそのことを訴える法的根拠（裁判規範）が存在していないことによる。

障害者差別禁止法を立法化することの意義は、第一に国及び地方公共団体に対して必要な施策義務を課し、障害をもつ人が民間事業者等に対して法的手段に訴えた場合に、事業者側に差別にあたるかどうかの挙証責任を義務づけ、その事案が差別として認定された場合は、加害者に対して作為命令を発することができるという救済効果をもつこと。第二に救済につながる判例や事案の結果を一般的に広げていくことによって、既存の関係する個別法に影響を与え、当該規定を見直し改廃するという法律上の拘束力と波及効果を生み出す現実的な可能性が開かれていくことになる。

障害者差別禁止法が既存の関係個別法を変革していく包括的な拘束力あるものとして創られていくことが、真の差別のない社会に進んでいくための橋頭堡の役割を果していくことになる。

【前文】

すべての個人は生まれながらにして自由であり、固有の尊厳と人権を平等にもっている。

しかし、障害をもつ人は、現在までの社会の諸関係において、身体的・精神的な特徴と理由により、通常の日常生活を営む能力が不当に低く評価され、他の人々と平等な立場で社会生活に参加する機会が奪われ、あるいは制限され、その自由が束縛され、様々な市民的権利が実質上奪われてきた。

また、この世に生まれてくることすら公然と拒否されていた過去があったし、現在においても、障害をもつ人が家族によって命を奪われる事件は跡を絶っていない。さらに、医療の現場においては、障害をもつ人が生まれてくることを否定するような生命の選別ともいえる生殖医療技術が使われるなど、その尊厳と権利を侵害する事象も生起している。

障害をもつ人は人として誕生してから、その生涯を終えるまで、差別されることなく、権利の主体として政治・経済・社会のさまざまな活動分野に平等に参加する、侵されることのない権利をもっている。

障害をもつ人が、人として生まれながらにもつ権利を尊重され、障害による不当な差別的取扱いを受けないために、国と地方公共団体は、包括的な責任を負う。

それとともに、障害をもつ人の完全な参加と平等を阻んでいる法的、制度的、物理的障壁、あるいは、文化・情報、意識における偏見等のさまざまな障壁は取り除かなければならない。また、あらゆる一般施策からすべての障害をもつ人は排除されてはならない。障害をもつ人がおかれている状態を改善するために、特に必要な場合は、一般施策から分断され放置されることなく、経済的措置を含む優先的かつ積極的な差別に対する是正措置がとられるべきである。

この法律に基づいて保障された権利は、障害をもつ人の国籍、人種、信条、性別又は社会的性差、社会的身分又は門地等のいかんにかかわらず、障害をもつ人すべてに与えられる。

この法律は、障害の有無にかかわらず、社会のなかで、人は互いに支え合い、共に生活する関係が尊重されることを通じて、各自がその必要に応じてより幸せな生活を享受する権利をもつことができる「万人のための社会」を実現するために制定する。

【第一章】 総　則

1 目　的

障害をもつ人に対する差別的取扱いの原因が、その障害をもつ人の個人的属性に起因するものではなく、むしろ障害をもつ人を取り囲む社会環境によって規定される障壁に差別の原因が有ること、障害をもつ人がすべての市民と同様に、人として誕生してから、その生涯を終えるまで、個人として固有の権利を有し、幸福を追求する主体であることを確認するとともに、国および地方公共団体、事業者、市民による差別を包括的に禁止し、障害をもつ人が社会の平等な構成員として、地域生活のあらゆる場面および分野への参加を保障するための差別を受けない権利を定めることを目的とする。

2 障害の定義

この法律において、障害とは、傷害や病気などを原因とする個人の特性にかかわらず、その個人に対して、ある程度以上の能力や機能を要求する社会的環境との関係で生じる障壁をいう。

3　障害をもつ人の定義

(1)　障害をもつ人とは、長期的または一時的、あるいは将来に予想される障害により、生活上の困難さをもつ、あるいはもちうる状況にある人をいう。また、環境整備なしには、障害をもたない人にくらべて不利益をこうむるか、こうむりうる状況にある人をいう。

(2)　前記(1)の障害の過去の記録あるいは、そのような障害をもつとみなされる人のことをいう。

4　障害をもつ人に対する差別の定義

(1)　障害をもつ人への差別とは、人として誕生してから、その生涯を終えるまでの間において、政治的、経済的、社会的、文化的又はその他のすべての生活分野において、身体的・精神的な特徴と理由により、他の人々と平等な立場で社会生活に参加する機会が奪われ、または制限され、その自由が束縛されている状態にあることをいう。ここでいう自由が束縛されている状態とは、虐待、放置、経済的搾取によって、障害をもつ人の生命、身体、財産または精神に対して危害が加えられる恐れのある状態をいう。

(2)　障害をもつ人への意図しない差別も前記(1)に規定した差別である。

障害をもつ人への意図しない差別とは、障害をもつ人に対する無知・無理解・偏見によって、行政機関および公的あるいは私的団体、個人が権利侵害の事実を認めない、または、障害の特性やニーズを踏まえた適切な配慮を行わないことによって、そのために結果として障害をもつ人が何らかの不利益をこうむり、不当な取扱いを受けている状態にあることをいう。

5　差別を受けない権利

障害をもつ人は、すべての生活分野とその社会的関係において、身体的・精神的な特徴と理由により、差別的取扱いを受けない権利を有する。

6　国および地方公共団体、事業者の義務

(1)　国および地方公共団体、事業者は、障害をもつ人へのあらゆる差別を撤廃し、市民への理解を促す包括的方策を、適切な手段によりすみやかに実行しなければならない。

(2)　国および地方公共団体は、国および地方公共団体が、この法律公布後に策定する法令・例規等は、障害をもつ人に保障された差別を受けない権利の実現に資するものでなければならず、障害を理由として行動制限を設けたり、資格等の取得に制限を設けたり、利用や参加を制限したり、等の効果をもつものを制定してはならない。また現に効力を有する法令・例規は、早急に改正または廃止あるいは無効とするために必要な、実効的措置をとらなければならない。

(3) 国および地方公共団体は、障害をもつ人に対するあらゆる差別の発生を予防し、撤廃する観点から政策・施策一般を見直し、必要な改定措置をとらなければならない。また、この法律公布後に策定される政策・施策は、障害をもつ人に保障された差別を受けない権利の実現に資するものでなければならない。

(4) 国および地方公共団体は、事業の認可等に際し、障害をもつ人への配慮をその許認可等の条件としなければならない。

(5) 事業者は、障害をもつ人個人、障害をもつ人の集団または公益団体に対する差別的行為または慣行に対して、従事または関与してはならない。

7 障害をもつ人への積極的改善策の実施

障害をもつ人の自由と平等の権利を実質的に保障することを目的としてとられる積極的改善策は、その目的が達成されるまでの間、障害をもつ人への差別とはみなさない。

8 加害者に対する挙証責任の義務づけ

権利侵害事案が発生した場合において、障害をもつ人が被害救済の申立をした場合、被申立て人側が「差別ではない」と主張する場合には、前記「4 障害をもつ人に対する差別の定義」の(1)と(2)項に基づいて、被申立て人が、その挙証責任を負う。

9 手話と点字に関する権利

(1) 日本手話は、独立した言語として日本語と同等のものとして認められる。

(2) 発声を伴う手話は、日本語として扱われる。

(3) 聴覚に障害をもつ人は、以上のいずれをも自己の必要に応じて使用する権利を有する。

(4) 点字は日本語の書記手段の一つである。

(5) 視覚に障害をもつ人は点字を使用する権利を有する。

10 自己決定権の保障

すべての障害をもつ人は、法律上の手続きによる場合を除いて、障害をもつ人自身の生活全般に関する意思決定に関し、適切な情報の提供を得て、自ら選択し、決定する権利を有し、自己の利益にも不利益にも、他人の関与を受けない権利を有する。

【第二章】障害をもつ人への差別禁止と権利に関する基本事項

一　地域生活

1　地域生活に関する権利

障害をもつ人は、その種別、程度にかかわらず、障害をもたない他の人と同等に、いかなる差別も受けることなく、地域で一市民として生活を営む権利を有する。

2　地域生活に関する差別禁止

障害をもつ人の、地域生活に関する差別とは次に掲げるものの他、障害をもたない人と異なる扱いを受けた場合をいい、これを禁止する。

(1)　本人の意に反した施設生活を強いられること。

(2)　障害をもつことを理由に、公営、民間住宅への入居を拒否すること。

(3)　障害をもつことを理由に、様々な社会的活動の参加を拒否すること。

(4)　障害をもつことを理由に、恋愛・婚姻・子育てを制限されること。

(5)　障害をもつことを理由に、親としての権利を制限されたり、剥奪されたりすること。

3　配慮義務

(1)　国および地方公共団体は、前記「地域生活に関する差別禁止」2―(1)(2)に定めるもののほか、障害をもつ人の地域生活を可能にするために十分な、所得および介助を保障する必要な施策を実施しなければならない。

(2)　国および地方公共団体は、障害をもつ人の親になる権利を制限することなく、かつ子育てに必要な援助に関する施策を実施しなければならない。

(3)　事業者は、国および地方公共団体が定めた施策に基づき、障害をもつ人の親になる権利を制限することなく、かつ子育てに必要な援助に協力しなければならない。

二　移　動

1　移動に関する権利

障害をもつ人は、その種別、程度にかかわらず、障害をもたない他の人と同等に、いかなる差別も受けることなく、自由に移動する権利を有する。

2　移動に関する差別禁止

障害をもつ人の移動に関する差別とは、次に掲げるものの他、障害をもたない人と異なる扱いを受けた場合をいい、これを禁止する。

(1)　障害をもつ人の円滑な移動、および利用を疎外する、以下に掲げる事項の設計、建築、施工。
①道路、および歩道。
②公共交通機関（駅舎、バスターミナル、空港、船着き場、鉄軌道、バス、タクシー、航空機、船舶等）。

(2) 障害を理由とした自由な移動、および利用の制限および拒否。

(3) 障害を理由とした特別な移動経路、および手段の提供。

3 配慮義務

(1) 国および地方公共団体は、障害をもつ人が、安全かつ円滑に移動できる道路、および公共交通機関の整備に関する基準を策定しなければならない。

(2) 事業者は、国および地方公共団体が定めた基準に基づいて、道路および公共交通機関の設計、建築、施工を行わなければならない。

(3) 事業者は、前記「2 移動に関する差別禁止」の(1)の基準に基づく整備が完了するまでの間、障害をもつ人の安全かつ円滑な移動、および利用を確保するため、効果的な代替策を実施しなければならない。

(4) 事業者は、前記「2 移動に関する差別禁止」の(2)(3)の差別を防ぐために必要な策を講じなければならない。

(5) 事業者は、既存の施設およびサービスにおいて、前記「2 移動に関する差別禁止」の差別が存在する場合は、一定の期限を定めた改善計画をたて、これを実施しなければならない。

三 建 物

1 建物に関する権利

障害をもつ人は、その種別、程度にかかわらず、建物の利用・居住において、障害を理由とするいかなる差別も受けることなく、障害をもたない人と同等の権利を有する。

この場合の建物とは、私有・公有にかかわらずすべての建物を指す。

2 建物に関する差別禁止

障害をもつ人の建物に関する差別とは、利用者の特定、不特定、多数、少数を問わず、障害をもたない人と異なる取扱いを受けた場合をいい、これを禁止する。

建物に関する異なる取扱いとは、次のことをいう。

(1) 障害があることを理由にして、建物の、賃貸・販売・利用・居住を制限もしくは拒否されること。

(2) 障害があることを理由にして、特別な利用経路・手段を提供されること。この場合は単に建物内だけでなく、当該建物と外部をつなぐ敷地内通路の利用をも含むこととする。

3 配慮義務

(1) 国および地方公共団体は、建物に関して、円滑な利用に関する整備基準を定め、建築確認の要件とする。
(2) 建物所有者は、前記「2 建物に関する差別禁止」の(1)に定める基準を実施しなければならない。但し、既存建築物において所有者が、過度な負担を証明した時はその限りではない。
(3) 国および地方公共団体は、障害をもつ人の建物の売買、賃借、改修等の契約に際し、援助のための必要な施策を実施しなければならない。
(4) 事業者は、障害をもつ人の建物の売買、賃借、改修等の契約に際し、国および地方公共団体が実施する援助のための施策に協力しなければならない。
(5) 事業者は、障害をもつ人の建物の売買、賃借、改修等の契約に際し、障害をもつ人が、第三者の同席、助言を求めた場合、これに応じなければならない。

四 利用

1 利用に関する権利

障害をもつ人は、その種別、程度にかかわらず、あらゆる商品・施設・便益・販売・接客等のサービスやプログラムの利用において、障害を理由とするいかなる差別も受けることなく、障害をもたない人と同等に利用する権利を有する。

2 利用に関する差別禁止

障害をもつ人の利用に関する差別とは、利用者の特定、不特定、多数、少数を問わず、障害をもたない人と異なる取扱いを受けた場合をいい、これを禁止する。

利用に関する異なる取扱いとは、次のことをいう。
(1) 障害があることを理由にして、利用を制限もしくは拒否されること。
(2) 障害があることを理由にして、障害をもつ人が望まない特別な利用手段を提供されること。および、それに付随した様々な経験を制限されること。
(3) 障害があることを理由にして、サービスやプログラムを利用する機会を制限・拒否されること。および、それに付随した様々な経験を制限されること。

3 配慮義務

(1) 国および地方公共団体は、利用に関して、サービス提供事業者が障害をもつ人のニーズに応じた適切な配慮を行うよう、サービス提供事業者に対する監督、指導を行わなければならない。
(1)の2 国は工業標準化法に定める工業標準の改定など実効性のある方法によって、障害をもつ人の製品の円滑な利用に資する措置をとらなければならない。また、地方公共団体は、国に準じて、必要な措置をとらなければならない。

(2) 事業者は、前記「1　利用に関する権利」において例示しているサービスやプログラムの事業を行う場所の物理的な環境整備が不可能な場合、その障害をもつ人が利用できる方式へ変更するなど代替措置を講じなければならない。

(3) 事業者は、前記(2)の代替措置について、当該サービスやプログラム事業を、障害をもつ人との協議を経て、その詳細を定めなければならない。

(4) 事業者は、前記(3)の協議に当たって、障害をもつ人が第三者の同席、助言を求めた場合、それに応じなければならない。

五　情報とコミュニケーション

1　情報とコミュニケーションに関する権利

(1) 障害をもつ人は、自らが選択する方法により、あらゆる種類の情報を利用し、享受し、また表現する権利をもつ。その利用及び享受に際しては、必要に応じて、情報の提供形態を変換することを妨げられない。

(2) 障害をもつ人は、総則9に掲げる手段を利用するために、国および地方公共団体に環境整備を求める権利を有する。

2　情報とコミュニケーションに関する差別禁止

前記「1　情報とコミュニケーションに関する権利」の(1)(2)の権利を、障害を理由として制限されること、あるいは次項以下の手段等の保障を怠ることは差別であり、禁止される。

3　配慮義務

(1) 国および地方公共団体は、行政施策に関わる事項の公表にあたっては、常に、以下に例示するような障害に対応した措置をとらなければならない。

①印刷物は、点字印刷および音訳での利用を可能とする。

②音声によるものは、文字への変換や手話への翻訳を行う。

③映像や画像によるものは、音声や触覚による認識も可能なようにする。

④文章によるものは、平易な用語や文体を用いた版も作成する。

(2) 前記①～④の措置をとられたものの利用・入手に際しては、そうした措置がとられていないものの利用・入手に際して必要な手間・対価以上の負担を障害をもつ人に課してはならない。議会や司法機関もまた同様の義務を負う。

(3) 国および地方公共団体は、放送事業者や電気通信事業者等情報の提供や利用に関わる事業の事業者に対し、障害をもつ人が円滑に利用できるように、設備等の整備を支援しなければならない。

(4) 国および地方公共団体は、前記(3)の事業者の各事業が国および地方公共団体の免許・許可等に係るものであるときは、その免許・許可等の条件に障害をもつ人への適切な整備を含めなければならない。

(5) 国および地方公共団体は、総則9に掲げる各手段の円滑な利用及び障害をもつ人それぞれに使いやすい補償を講じなければならない。

(6) 放送事業者・電気通信事業者・出版社・新聞社等情報の提供や利用に関わる事業者は、国および地方公共団体に準じ、障害をもつ人の情報を利用・享受あるいは表現する権利の実現のために必要な対応をとらなければならない。

(7) 前記(1)〜(6)の各対応の実施要領については、国および地方公共団体と事業者の代表および障害をもつ人の代表による協議機関を設置して作成しなければならない。

(8) 事業者は、総則9に掲げる各手段の円滑な利用及び障害をもつ人それぞれに使いやすい保障手段を講じなければならない。

六 教育

1 教育に関する権利

(1) 障害をもつ人は、生涯のどの段階においても同世代の障害をもたない人と統合された教育を受ける権利を有する。但し、ろう児は集団での手話、盲ろう児は集団での効果的なコミュニケーションによる教育を受ける権利を有する。

(2) 障害をもつ人は、生涯のどの段階においても前記(1)の教育を受ける上で、その個々人に応じた個別的支援を受ける権利を有する。

(3) 障害をもつ人およびその代理人は、個別支援策定に関し、その過程に参加して意見を述べ、また、策定された個別支援の内容に関して説明を受け、異議を述べる権利を有する。

2 教育に関する差別禁止

障害をもつ人の教育に関する差別とは、次に掲げる場合をいう。

(1) 原則として、統合的な環境のもとで障害をもたない人とともに教育を受ける機会を提供しないこと。

(2) 前記(1)にかかわらず、ろう学校において手話による教育をしないこと。

(3) 必要な個別的支援をしないこと。

(4) 障害をもつ人もしくはその代理人が希望する教育に必要な環境と支援を受けるための、十分な情報を提供しないこと。

3 配慮義務

(1) 教育を提供する事業者は、障害をもつ本人の合意のもと、その本人にとって必要な個別支援の内容をともに作成し、それに基づいた支援を提供しなければならない。

(2) 国および地方公共団体は、障害をもつ人が教育を受けるために必要な環境と支援に関する情報を提供し、また、提供されている教育環境や支援の内容について異議を申し立て、是正請求する権利を確保するための具体的制度を創設しなければならない。

(3) 国および地方公共団体は、統合された教育およびろう学校における手話教育を推進するために必要な総合的施策と、それに必要な移行手段のための施策を実施しなければならない。

七 就労

1 就労に関する権利

(1) 障害をもつ人は、いかなる差別的な処遇も受けることなく、社会のあらゆる分野において働く権利を有する。

(2) 障害をもつ人は、職場環境や人的援助など、職業に就き、就労を維持するために必要な支援を受ける権利を有する。

2 就労に関する差別禁止

障害をもつ人に対する就労に関する差別とは次に掲げる場合をいい、これを禁止する。

(1) 障害を理由に採用を拒否、または解雇すること。

(2) 採用、賃金、昇進等の労働条件あるいは労働環境において、障害を理由に不利益な取り扱いをすること。

(3) 障害をもつ人が就労する上で障壁となっている、欠格条項や最低賃金適用除外など、法制度上、障害を理由とした差別的な条項を放置すること。

(4) 障害をもつ人が、自らの希望と特性を踏まえて職業を選択するために、必要な職業相談、職場斡旋、就労を維持するための支援等の公共サービスを提供しないこと。

3 配慮義務

(1) 事業者（国及び地方公共団体を含む、「七　就労」において以下同様）は、障害をもつ人の特性が円滑に発揮できるように業務を確保し、職場における最善の支援体制を整えなければならない。

(2) 事業者は、障害をもつ人の就労拡大と職場定着に資するために、雇用関係にある従業員すべてに対して、障害をもつ人たちへの否定的な態度と偏見を克服するための人権教育・啓発にかかわる職場研修を、関係行政機関や非営利の民間関係団体等との協力のもとに実施しなければならない。

(3) 国および地方公共団体は、障害をもつ人の雇用を進めようとしない事業所に対しては、罰則をともなった措置を講じなければならない。また、障害をもつ人が事業者による不当な行為によって権利を侵害された場合、障害当事者の状況に配慮した救済制度と支援機関を設置しなければならない。

(4) 国および地方公共団体は、障害をもつ人を雇用しようとする事業者および障害をもつ事業者に対して、職場環境の物的改善、人的支援等の情報提供や積極的な財政支援策を講じなければならない。

(5)　国および地方公共団体は、障害をもつ人が一般就労の場に就くことを積極的に支援するために行動計画を策定しなければならない。当該行動計画には、下記の方策が含まれなければならない。

①職場環境を多様な障害をもつ人が利用できるように設計し、あるいは障害をもつ人のニーズに応じて改善する方策。

②新技術の利用と補助具・機器の開発と生産への支援を行い、障害をもつ人の就労の獲得と維持を可能にするために、障害をもつ人が補助具・機器を入手しやすくする方策。

③適切な訓練と配置、人的援助や通訳サービス等の継続的な支援。

④障害をもつ労働者への否定的な態度と偏見を克服するための人権教育・啓発キャンペーンを提唱し支援するための方策。

⑤公平な雇用昇進政策・雇用条件・給与・けがと損傷を予防するための職場環境の改善方策。

(6)　国および地方公共団体は、福祉的就労に就いている人々を、本基本事項七で目指す一般就労に円滑に移行させるために必要な施策を行うこと。その移行期間においては、福祉的就労に関係労働法規をすみやかに適用すること。

八　医療およびリハビリテーション

1　医療とリハビリテーションに関する権利

(1)　障害をもつ人は、心身の体調を自らの意思で良好に保ち、自らの望む日常生活と社会参加を果たすために自らが求める医療およびリハビリテーション（以下「医療等」と称す）を受ける権利を有する。

(2)　自ら望まない医療等の提供は、これを拒否する権利を有する。

2　医療等に関する差別禁止

障害をもつ人に対する医療等に関する差別とは次に掲げる場合をいい、これを禁止する。

(1)　障害をもつ人の存在を否定したり、その個人としての尊厳を傷つけるような不当な医療行為を行うこと。または、医療の名のもとに強制的に隔離的な環境に閉じ込めること。

(2)　精神医療における医療従事者数等、他科との格差を設けるなど、劣悪な医療環境を放置すること。

(3)　慢性疾患における必要な医療を、疾患の種別や、支払い能力等を理由に提供しないこと。

3　配慮義務

(1)　医療等を提供する事業者は、障害をもつ人に対して、提供すべきサービス内容に関して、理解できる情報伝達手段による十分な説明を提供し、その同意と選択を保障しなければならない。

(2) 医療等を提供する事業者は、障害を理由として、治療のレベルをさげたり、治療の打ち切りを強制してはならない。

(3) 医療等を提供する事業者は、妊娠に際し、障害に関わる治療・検査の実施前に、その内容と結果の対応について、第三章に定める「障害者人権委員会」が策定するガイドラインに基づく情報を提供し、その援助をしなければならない。

(4) 国および地方公共団体は、障害をもつ人が自らの意思と選択に基づいた医療を社会サービスとして提供できるような施策を実施しなければならない。

(5) 国および地方公共団体は、障害をもつ人が安心して医療を受けられるように、適切な情報提供を保障し、医療関係機関の体制を拡充しなければならない。特に、精神医療における従事者数の特例等は、他科の基準と同等に設定しなければならない。

(6) 国および地方公共団体は、障害をもつ人が受けた医療の内容に異議を申し立てたり、損害を受けたりした場合に、当事者や代理人によって法的措置を含めた救済を求めることができる制度を創設しなければならない。また、そのために障害をもつ人が必要な支援を受けることができる施策を実施しなければならない。

(7) 国および地方公共団体は、医療を提供する事業者が障害を理由に診療および治療を拒否したり、不当な医療行為を提供したり、劣悪な医療環境を放置したり、障害をもつ人の存在を否定し、その人間としての尊厳を傷つけるような医療行為が行われた場合には、速やかな指導・告発を行い、その情報を公開し、相当な罰則をともなった法的措置を実施しなければならない。

(8) 国および地方公共団体は、精神医療受診者が社会的不利益を受けるような、偏見と差別を除去する啓発活動を積極的に進めなければならない。

(九 出生 削除)

九 性

1 性に関する権利

障害をもつ人は、その種別、程度にかかわらず、障害をもたない人と同様に性を有する個人として尊重され、何人からも恋愛や性的関係を制限もしくは強制されず、妊娠、出産をする権利を有する。

2 性に関する差別禁止

障害をもつ人の性に関する差別とは、障害をもつことを理由に、前記「1 性に関する権利」を否定されたり、あるいは、以下のような扱いを受けることをいう。

(1) 障害をもつことを理由に、性的関係を制限あるいは強制されること。

(2) 障害をもつことを理由に、避妊、中絶を強要され、子どもを産む機会をとり上げられること。

(3) 障害をもつことを理由に、子宮摘出および断種などの生殖機能を奪うこと。

3 配慮義務

(1) 国および地方公共団体は、障害をもつ人への不当な子宮摘出、断種をなくすための施策を実施しなければならない。

(2) 国および地方公共団体は、障害をもつ人の妊娠、出産に必要な援助に関する施策を実施しなければならない。

(3) 事業者およびいかなる個人も、障害をもつ人の不当な子宮摘出、断種に関与してはならない。

(4) 事業者は、国および地方公共団体が定めた施策に基づき、障害をもつ人の、妊娠、出産に関する必要な援助に協力しなければならない。

十二 政治参加

1 政治参加に関する権利

障害をもつ人は、その種別、程度にかかわらず、政治参加において、障害を理由とするいかなる差別を受けることなく、障害をもたない人と同等の権利を有する。

2 政治参加に関する差別禁止

障害をもつ人の政治参加に関する差別とは、利用者の特定、不特定、多数、少数を問わず、障害をもたない人と異なる取り扱いを受けた場合をいい、これを禁止する。

政治参加に関する異なる取扱いとは、次のことをいう。

(1) 障害をもつことを理由に、投票の機会が制限されるか、失われること。

(2) 障害をもつことを理由に、障害をもつ人が望まない特別な手段や場所による投票しかできないこと。

(3) 障害をもつことを理由に、選挙に関する情報が公平に提供されないこと。

(4) 障害をもつことを理由に、被選挙権、およびそれに付随する選挙活動が、事実上制限されるか奪われること。

(5) 障害をもつことを理由に、国および地方公共団体における市民としての発言・提案の機会が制限される、あるいは奪われること。

(6) 障害をもつことを理由にして、国および地方公共団体に関わる職務に就くことが制限されるか、拒否されること。

(7) 障害をもつことを理由に、議員としての活動が、事実上制限されるか奪われること。

(8) 障害をもつことを理由に、国および地方公共団体に関わる情報が公平に提供されないこと。

3　配慮義務

(1)　国および地方公共団体は、選挙・投票に関する情報を、あらゆる障害をもつ人のニーズに対応して伝えなければならない。そのために必要な情報の円滑な利用に関する整備基準を策定しなければならない。

(1)の2　候補者届出政党及び候補者は、政見放送や街頭演説などの選挙運動に際しては、あらゆる障害をもつ人への対応を図らなければならない。

(2)　国および地方公共団体は、投票所におけるアクセスを、建物の円滑な利用に関する整備基準に遵守させる義務を有するのに加えて、多様な障害をもつ人々のニーズに合致した情報提供と、投票方法を実践しなければならない。

(3)　国および地方公共団体は、国および地方公共団体に関する情報を、多様な障害をもつ人のニーズに合致した方法で、公開しなければならない。

(4)　国会および地方議会は、その議員および職員の活動が、障害をもつことを理由として、制限されることのないよう、適切な配慮を提供しなければならない。

十一　司法手続

1　司法手続に関する権利

障害をもつ人は、その種類、程度にかかわらず、司法手続に関する憲法以下の実定法に定める諸権利について、障害を理由としていかなる差別も受けることなく、障害をもたない人と同等に保障される権利を有する。

同等に保障されるとは、障害を理由とした事実上の不利益を取り除くために必要とされるすべての配慮を受けることを意味する。

（障害をもつ人は、司法手続に関する権利が侵害された場合、その配慮義務の履行を請求する権利をもつ。）

2　司法手続に関する差別禁止

障害をもつ人の司法手続に関する差別とは、司法機関等が提供すべき下記に例示するような配慮を受けられず、または、障害をもつ人が自らの権利を保全するための下記に例示するような固有の権利を制限されることをいい、これを禁止する。

(1)　司法機関等が配慮すべき事項

①手続きに用いられる書面およびこれに類する意思伝達手段については、点字および音訳によって利用可能なものとすること。

②音声によるものについては、文字への変換や手話への翻訳によって利用可能なものとすること。

③映像や画像によるものについては、音声や触覚によって認識可能なものとすること。

④文章については、平易な用語や文体を用いて容易に理解可能なものとすること。

⑤建物の構造については、障害をもつ人の利用に支障のないように改造すること。

⑥障害をもつ人に対する事情聴取・取り調べ・尋問等については、その障害特性に配慮した手段、方法、形態とすること。

(2) 障害をもつ人の司法手続における固有の権利

①視覚に障害をもつ人、聴覚に障害をもつ人、盲ろう者等が自己の感覚機能を補完するために必要な疎通手段や補助者を利用することはその者の固有の権利であり、いかなる場面（傍聴も含む。以下同じ）においてもその利用を制限されない。

②障害をもつ人が自己の理解を助け、あるいは心理的安定を保持するために補助者を利用することは、その者の固有の権利であり、いかなる場面においてもその利用を制限されない。

③補助具を利用している障害をもつ人が補助具を利用することは、その者の固有の権利であり、いかなる場面においてもその利用を制限されない。

3 配慮義務

(1) すべての司法機関（裁判所、検察庁、行刑施設、弁護士会、警察署、海上保安庁等）および準司法機関（労働委員会、公正取引委員会、児童相談所等）は、障害に基づく事実上の不利益を除去するための、「前記2—(1)司法機関等が配慮すべき事項」に例示するような必要な措置を講じるため、人的・物的な整備を図らなければならず、そのための費用を負担しなければならない。

(2) 裁判官、検察官、弁護士、警察職員等の前記(1)の対象機関の職員は、定期的に障害をもつ人の特性とその配慮に関して、研修を受けなければならない。

【第三章】 実施および救済機関

1 組織体制

(1) この法律を実効性あるものにするために、その実施機関として障害をもつ人への差別禁止と権利に関する委員会（仮称「障害者人権委員会」）を設置する。

(2) 「障害者人権委員会」の理事会は、過半数以上の障害をもつ人、権利擁護に関する学識経験者、弁護士、検察官等から構成され、かつ行政から独立した組織とする。

(3) 「障害者人権委員会」のもとに、以下の課題別専門部会を設ける。

1 地域生活
2 移動
3 建物
4 利用
5 情報とコミュニケーション

6　教　育
7　就　労
8　医療とリハビリテーション
9　性
10　政治参加
11　司法手続
(4)　専門部会は、課題ごとに問題の実態を類型化し、何が差別であるのかの解釈指針を作成し、かつ本法を具体的に実施するための細則を作成する。

2　実施機関としての役割

この委員会の実施機関としての職務および権限は、以下のとおりとする。
(1)　障害をもつ人のおかれている現状を調査して、我が国の差別の実態を明らかにすること。
(2)　本法の施行に向けて、差別の定義、配慮義務等の解釈指針を策定し、これを広報すること。
(3)　本法により策定されるべき国の施策の大綱を作成し、これに基づいて国が策定した施策の内容、実施状況について調査・監視し、定期的にその調査結果とそれに対する意見を内閣に提出すること。
(4)　本法の改正、関連法令の改廃・制定に関し、提言を内閣に提出すること。
(5)　本法の実施に関する相談窓口を開設し、情報の提供、権利擁護に関する教育を実施すること。
(6)　構造的な差別に関しては、勧告ないし、是正命令を発すること

3　救済機関としての役割

この法律に基づく権利を侵害された場合の救済機関として障害をもつ人に対する差別禁止委員会（仮称「障害者差別禁止委員会」）を中央ならびに都道府県を一つの単位として地方に設置する。

この委員会の救済機関としての職務および権限は、以下のとおりとする。
(1)　障害者差別禁止委員会は、複数の救済委員を任命する。
(2)　障害者差別禁止委員会は、申立てを受けると、まず、任意の調査をしなければならない。任意の調査によって事案が明らかにならない場合でかつ事案の解明が必要と思料される事件に関しては、職権による立ち入りも含めた調査を実施する。
(3)　調査の結果、差別・虐待等の行為が明らかに存在しないと思料する場合を除いて、救済委員が被害の回復に向けた調停を開く。
(4)　調停が不調に終わった場合で、かつ差別行為が認定されるときには、事案の重大性、緊急性に応じて、是正命令、

警告、勧告、要望、公表等の処分をなす。

①被害者の救済に必要な場合、緊急一時保護等により、被害者を保護しなければならない。

②また、行為が犯罪にわたると認定したときには、告発をしなければならない。

③事案の重大性、被害の広範性に鑑み、訴訟を提起しなければ、根本的な救済にならないと思料するときには、自ら訴訟を提起し、又は、被害者が起こした訴訟に参加することができる。被害者が提起した訴訟において、証拠資料の開示を求めた場合、これに応じなければならない。

4　国の責務

国は、司法および準司法救済に関して、裁判所および「障害者差別禁止委員会」等の準司法機関が実効性ある救済手段を持ち得るよう、事案の特性にあった調停、裁判等の所定の手続、差別を是正するために必要とされる積極的な作為命令等に関する法律を整備しなければならない。

【第四章】　団体訴権の付与

1　障害をもつ人の権利擁護を目的とする団体による是正、差止請求

(1)　障害をもつ人の権利擁護を目的とする団体は、本法に基づき差別に該当すると思料する事実につき、その是正を行為者に対し請求できる。

(2)　障害をもつ人の権利擁護を目的とする団体は、本法に基づき差別に該当すると思料する行為をなし、またはなされようとしているときに、行為者に対し、その行為の差し止めを請求できる。

2　障害をもつ人の権利擁護を目的とする団体の要件

(1)　50人以上で構成されている法人または団体。

(2)　定款等で目的として、障害をもつ人の権利擁護活動を規定し、現実にその目的に沿った活動をしていること。

(3)　理事会など運営機関の構成員の過半数が障害をもつ人であること。

(4)　第五章に定める障害をもつ人のための支援機関である「障害者権利擁護センター」。

3　判決の効果（要検討）

【第五章】　障害をもつ人のための支援機関

1　組織体制

(1)　国は障害をもつ人の権利に関して障害をもつ人の立場に立ち、相談を受け、若しくは代理人として、任意の交渉や行政救済手続、司法手続により問題を解決する機関として、都道府県を一つの単位として障害をもつ人のための権利擁護

機関（仮称「障害者権利擁護センター」）を設置する。

（2）「障害者権利擁護センター」は、公益法人とし、その理事会は、障害をもつ人、権利擁護に関する学識経験者、弁護士、福祉専門職等から構成される。

2　職務および権限

（1）障害者権利擁護センターは、障害をもつ人、弁護士、福祉専門職、学識経験者を職員として配置し、障害をもつ人の立場に立ち、障害をもつ人および関係者の相談に応じる。

（2）障害者権利擁護センターは、相談を受けたうえで、問題解決に必要な場合、相手方ないしは関連機関に対して、任意および職権に基づく強制調査を行う権限を有する。

（3）調査の結果、問題解決に必要であれば、代理人として相手方との任意の交渉、行政救済手続、司法救済手続を通じた問題解決を図る。

（4）以上の手続は、無料でなければならない。但し、問題解決により、障害をもつ人が実際に金銭的利益を得た場合、一定の基準により報酬を得ることができる。

3　国の責務

（1）国は、障害者権利擁護センターを各都道府県に一つの割合で、その資質を有する公益法人に委託し、障害をもつ人および専門家を複数職員として配置できる予算を割り当てなければならない。

（2）国は、同センターの理事会および職員の選任、解任、同センターの運営等に関与し、その独立性を侵してはならない。

【第六章】　人権教育・啓発

1　定義

人権教育・啓発活動とは、障害をもつ人の権利に関する意識の高揚を目的として、研修、情報提供、広報その他の活動を行う総合的な過程である。

2　基本計画の策定

国及び地方公共団体は、障害をもつ人の尊厳をあらゆる社会の領域で確立していくために、次の事項について、人権教育・啓発の対象と手段並びにその推進体制に関する施策を定めた基本計画を策定しなければならない。

（1）対象

国及び地方公共団体は、本要綱案第二章の「障害をもつ人への差別禁止と権利に関する基本事項（1〜12）」の配慮義務において掲げられている国及び地方公共団体の関係職員及び事業者等に対し、各基本事項において提示されている障害をもつ人の権利と差別禁止の当該規定に基づき、人権教育と啓発を適切に行わなければならない。

（2）手段

国及び地方公共団体は、障害をもつ人の人権教育と啓発に関する情報の収集及び提供を行うとともに、調査研究並びに参加体験型の学習教材、手法の開発を推進しなければならない。

(3) 推進体制

国及び地方公共団体は、障害をもつ人の人権教育と啓発に関する基本計画を策定し推進する推進会議を障害当事者が委員の半数以上を占めて設置しなければならない。

3 自治体への財政措置

国は、地方公共団体が実施する障害をもつ人の人権教育と啓発に関する施策を支援するため、必要な財政上の措置を行わなければならない。

4 年次報告

国及び地方公共団体は、毎年、国会及び当該の地方議会に障害をもつ人の人権教育と啓発に関する基本計画の実施状況に関する報告を行い、その内容を公表しなければならない。

2 障害者差別禁止法第三次要綱案【補足説明】

障害者政策研究全国実行委員会内
「障害者差別禁止法」作業チーム

障害者差別禁止法の基本的枠組み

障害者差別禁止法（以下、差別禁止法とする）を立案していく場合には、まず、基本的な枠組みをどのように考えていくべきなのかということが、入口のテーマになります。

一般的に人権にかかわる規定を大別すると、国際人権規約の枠組みをみても、自由権（市民的及び政治的権利に関する国際規約）と社会権（経済的、社会的及び文化的権利に関する国際規約）によって構成されています。また、わが国の憲法も自由権規定と社会権規定は別個に規定されています。

その理由は、まず、封建国家によって制限されていた市民の自由を国家から奪い返して、自由を市民の手に取り戻すことが封建制から近代市民社会に移行するための闘争そのものであったため、彼らの手によって成立した市民社会は、まず、国家に対する自由権を憲法で確認することになったわけです。

しかし、国家に対する自由権だけでは、実質的な意味での自由な生活は保障されなかったために、現代的な権利としての社会権が生まれました。ところが、自由権は市民の自由な行為に対する国家の行為を禁止するもので、国家の不作為を請求するものですが、社会権はむしろ、国民の自由な活動を実質的に保障するために、国家の作為を要求する権利という形で構成されます。したがって、両者は法的性格が大きく異なりますので、別異の取り扱いを受けることになります。

しかし、両者はまったく別個のものではなく、前述したように、自由権を実質的に保障するために社会権が勝ち取られたという関係があります。以上の特質を考えると差別禁止法は、本来的には自由権の体系に属することになります。しかし、単なる機会均等的な平等では、障害の状況に合わせた個人の差異に配慮した実質的な平等は達成できません。そこで、実質的な平等を確保するために、この差別禁止法の中に、国家の行為を請求する社会権として、具体的権利性のある社会サービス法制定に向けた橋渡し的な工夫を取り入れる必要性があります。そのような観点からすると、その枠組みは、次にように整理すべきだと考えます。

(1) 自由権を基本的柱として国内の最高法規、つまり差別禁止法の上位法となる憲法との関係を考えていくことになりますが、この場合、憲法の根拠条項としては、一三条（自己決定権・幸福追求権）と一四条（法の下の平等と基本的人権と自由を享受する権利）を中心に位置づけます。その上で、自由権を基調とする目的、理念を達成するための積極的な手段として、社会権（所得保障や介助サービスまたは教育や就労等の特別のニーズ）に基づく事項を結び付けて組み立てていくことが重要になってきます。

(2) 前記(1)の組み立てを前提にして、移動、建物または就労、教育等の各課題（【第二章】基本事項）ごとに、①障害を理由とする「差別を受けない権利」、②「差別の禁止に関する規定」、そして配慮義務として、③不特定多数の障害をもつ人への国及び地方公共団体の環境及び基盤整備に関する「一般的な施策義務」と、④民間事業者等に求める個別具体的な「配慮義務」など四本の項目立てを行い、そのうち③と④については配慮義務とし、それぞれの項目ごとに必要な内容を明記していきます。

(3) 差別禁止法における国及び地方公共団体の「施策義務」と民間事業者等に課す「配慮義務」の実効性を具体的に担保するためには、独立性と専門性の機能が確保されている「実施及び救済機関」と「支援機関」について明記し、準司法的段階と司法（裁判）の両方に対応できる手法によって、迅速に問題解決を図る仕組みの内容を明示します。

障害者差別禁止法の役割

差別禁止法の役割としては、①「障害をもつ人」「障害をもつ人に対する差別」などの定義を明確にしていく、②社会サービスや教育、就労等の社会権に係る関係法律の見直し・改正、虐待防止基本法（仮称）等の立法化を促していく、あるいは裁判規範として活用することのできる法的根拠としての役割が挙げられます。

【第一章】総則

2 障害の定義／3 障害をもつ人の定義

日本における法令上に定められている「障害」および「障害

をもつ人」の定義については、医学モデルにとらわれ、制限列挙的に示されていることに問題があると考えます。

一九九三年に改正された障害者基本法の第二条の定義では、「この法律において『障害者』とは、身体障害、知的障害又は精神障害（以下「障害」と総称する）があるため、長期にわたり日常生活又は社会生活に相当な制限を受ける者をいう」とあり、機能的な障害を列挙するだけでなく、生活上の制限をもつものとしての考え方は示されました。

しかしながら、未だ具体的な施策やサービス受給につながる現行法の「障害者」の定義は、機能障害に重点をおく医学モデルにとらわれています。それは、サービス受給を限定する欠点をもつだけでなく、障害をもつ人の権利を保障する意味においても欠点があります。「何かをする」ためにサービスが必要となり、それが保障されるべきという考え方でなく、「何かができない」からサービスを受けることになっています。そこには、障害をもつ人の権利や選択よりも「何かができない」という「公の判定」が先行します。それはまわりの人の障害をもつ人に対する見方にも大きく影響します。

その人個人の問題としてサービスが必要であるのか、まわりの環境の改善が必要であるのか、それがからみあったものなのかがはっきり見える定義が必要です。それなくしては、差別の実態は曖昧になります。

そこで、我々は、障害を社会モデルとしてとらえる表現を議論しました。障害をより広く、また生活上の困難さをもつ人を包括して表現することに苦慮して、さらなる議論が必要と考えています。WHOの新しい定義[注]や、諸外国の差別禁止法の定義も参考にしながら、また日本語の表現としていかに表すか、今しばらくの議論が必要でしょう。様々な差異に価値を与える権利を表現しなければならないし、障害をもつ人本人の体験に根ざした表現をしなければならないと考えています。

注　WHOは、一九八一年に「機能障害、能力障害、社会的不利」の三つのレベルで障害を定義しました。二〇〇一年にはそれを改訂し、障害を否定的な用語でなく中立的な用語を用い、機能障害（構造障害を含む）（**impairment**）、活動制限（**activity restriction**）、参加制約（**participation restriction**）の三つの階層が、環境因子と個人因子を背景因子として相互に関連しあって生じるものとして、定義しています。（出典：厚生労働省社会・援護局障害保健福祉部『国際生活機能分類―国際障害分類改訂版（ＩＣＦ）』二〇〇二年）

4　障害をもつ人に対する差別の定義／5　差別を受けない権利

障害をもつ人への差別の定義について定める条項です。特に重要なものとして、以下のものを挙げておきます。まず、4の(1)の虐待があります。虐待（abuse）は小分類として、身体的虐待、性的虐待、心理的虐待の三類型に分かれ、拘束は、身体的虐待の一つの類型です。放置（neglect）は介護放置、医療放置の二類型に分かれ、残る経済的搾取（financial exploitation）には、さまざまな搾取形態があります。

次に4の(2)について説明します。「三年ほど利用していた理髪店に先日行ったのですが、終わって帰るときに、店員に『電動車いすを置くところがないので、今後は遠慮していただきたい』と言われました。その店員は、店長から言われているようでした。店長に聞くと、わざわざ店に来なくても、私の自宅に来て髪を刈ってあげるという親切心から言ってあげているということでした。車いすでの入店をはじめから拒否する店もあり、ここには三年も通っていただけに、突然入店を拒否されたことは、とてもショックで、『親切心から』と言われても納得できません」。――こうした事例からも明らかなように、差別や権利侵害が、一定の問題認識をもっている障害をもつ当事者や支援者等からみれば自明のことであっても、現実の平均的な市民意識との関係では、無知・無理解・偏見のため、一概にそれが差別や人権侵害とはみなされないことが非常に多くあります。

相手側から直接的で露骨な差別や権利侵害を受けたという事例よりも、相手が意図していなくても、障害をもつ人のニーズに対する相手側の無知・無理解・偏見によって、相手側（加害者）が権利侵害の事実を認めない、そのために結果として障害をもつ当事者が何らかの不利益をこうむり、差別的な扱いを受けている傾向の強いことがうかがえます。

このような実態を踏まえて「差別の定義」を考えていく場合、このような無知・無理解ないしは偏見による意図しない差別も差別であることを明らかにしておくことが重要と考えます。

6　国および地方公共団体、事業者の義務

障害をもつ人への差別をなくしていくために国・地方公共団体・事業者がとるべき基本的な行動規範を定める条項です。(2)、(3)は政策・施策あるいはその基となる法令・例規は、すべて障害をもつ人が有することとなる、差別を受けない権利の実現に資するものでなければならなくなります。

国や地方公共団体は、これまでの政策・施策あるいは法令・例規を見直し、障害をもつ人への差別となっているものがないかどうかの見直しが義務づけられます。

具体的な例を挙げると、欠格条項と呼ばれる一連の条項があります。障害や病気を特定し、それをもつ人への資格取得制限や行動制限を課している条項です。近年これらの条項の見直しが大分進められました。しかしその中身はというと、これまで法律で障害名や病名を特定していたものを下位の規則レベルでの特定に置き換えるという手法での「改正」が多いなど、決して障害を理由とする欠格条項の撤廃にはなっていないという例が多くみられます。この差別禁止法ではこうした手法は通用しません。

欠格条項をなくす取組みの中では、直接的に資格取得を制限するような条項だけではなく、結果的に障害をもつ人の参加や利用を制限しているような条項も欠格条項として、見直しの対象とするよう取り上げられました。たとえば選挙の投票方法で

す。自筆が困難な人、投票所へ行くことが困難な人でも投票ができるような制度には、今の法律はなっていません。そのために投票ができない人が多くいます。このような場合も対象となります。また、災害時の地域防災計画の策定にあたっては、情報保障を含めて障害をもつ人への状況に応じた十分な配慮を盛り込むことが、必要になってきます。

こうした法令・例規の改正のための措置も行政の義務とします。ここで、「改正を義務とする」と記さないのは、法律や条例の改廃・制定の権能は議会にあるからです。必要な改廃・制定は原則的には議会での議決によることになりますが、もし議会が怠れば立法不作為の責を負うことになると考えます。

また、障害をもつ人の差別を受けない権利の実現のための施策やその基となる法令・例規の制定が、その権利行使の相手方の権利の制限につながるという場合もあります。たとえば、利用の場面で、映画館などの客席の配置には車いす利用者の利用に配慮することが求められます。映画館はほとんどが民間事業者による経営ですから、民間人の営業の自由や財産権の行使と衝突し、それに一定の制約を課すことになります。しかしそのことは、障害をもつ人を共にこの社会の構成員として認め、その人権の確立と保障を図るという目的と比較して必要な制限とされなければならないと私たちは考えます。

基本事項の5の解説も併せてお読みください。

7　障害をもつ人への積極的改善策の実施

この場合の「積極的改善策」とは、障害を理由とする差別を解消するための改善策を実施するために積極的改善策を実施することであり、次のような考え方に立っています。

①単なる機会均等的な平等ではなく、障害の有無や程度によって差別的な取扱いが生じることを防ぎ、個人的な差異に配慮した実質的な平等が実現するように、必要な配慮や義務を課すこと。

②あくまでもそれは、差別が解消されるまでの過渡的な措置であるということ。

日本では、障害者雇用促進法に基づき「法定雇用率」（一・八％、五八人以上の事業所）が設定されていますが、実雇用率の平均は、一・四〜一・五％に張り付いたままです。

差別禁止法が制定された場合でも、「法定雇用率」は当面、廃止されるべきではありません。むしろ「積極的改善策」によって、例えばドイツ（法定雇用率六％、一六人以上の事業所→実雇用率四・二％）、やフランス（法定雇用率六％、二〇人以上の事業所→実雇用率四・〇％）なみに引き上げられ、実雇用率の平均がその「法定雇用率」に到達した段階で、「積極的改善策」としての過渡的な措置は廃止されることになります。

8　加害者に対する挙証責任の義務づけ

現行制度においては、権利侵害事案が発生した場合、障害をもつ当事者が被害救済の申立てを行い、被害者側に「立証責任」が課せられていました。現実にはそれができないために、被害者に泣き寝入りを強要する結果を招いてきました。

こうした現状を踏まえ、被申立て人側が「差別ではない」と主張する必要があると認める場合には、まず被申立て人が、その挙証責任を果さなければならないことを明記します。

9　点字と手話に関する権利

障害をもつ人が利用する、言語と文字について規定する条項です。

日本手話とは、聴覚に障害をもつ人のうちで、主にろう者と呼び・呼ばれている人たちにとっての第一言語となっている言語です。手話と一口に呼ばれることが多いですが、さらに「日本手話」と「日本語対応手話」及びその中間型の手話に大別する考え方が一般化してきています。

「日本手話」と音声言語である日本語とは、語彙や文法の面で別個の体系をもつ言語であるという理解が、ここのところ確立しつつあります。言語――特に母語や国語――はその話者にとっては、コミュニケーション手段以上の意味を持ちます。それは認識や思考の源であり、世界を自己のものとし、自己を形成していくその基盤となる「道具」です。ろう者にとっては手話がその言語なのです。

手話は近年社会的には広まってきています。しかしながら言語としての手話に対する正当な評価がなされているとは言えません。言語以下のもの、日本語の不完全な代替手段という位置付けに留まっていると評価せざるをえません。殊にろう教育の世界では、せいぜい、日本語の獲得に失敗した聴覚障害者が、やむを得ず利用しているコミュニケーション手段という地位に置かれ続けています。

こうした認識は、手話を第一言語としているろう者の、自己が希望する言語の利用という基本的権利の実現を阻害しています。そこで、日本語と同等の地位を日本手話にももたせるという趣旨が(1)です。

「日本語対応手話」とは、主に日本語の発話を伴いながら表す手話です。これは語彙の面でも、文法の面でも日本語にできるだけ対応することを旨としています。よって日本語の表現手段の一としての位置付けをさせる、というのが(2)の趣旨です。

点字は、日本語を書き表す表音文字の一つです。日本語を文字で書き表すときには必ずしも発音どおりとはなりません。たとえば、「ワタシワ」と発音していても、それを仮名や漢字で書くときには「私は」となります。一方ローマ字で書くときには“Watasi wa”となります。同様に点字にも表記上独特のルールがあります。しかし日本語を書き表すという機能においては違いがないのですから、それに応じた正当な位置付けを与えるというのが(4)の趣旨です。

10　自己決定権の保障

本規定の中で、「法律上の手続きによる場合」とは、成年後見制度などを指します。また「自己の利益にも、不利益にも」とあるのは、例えばゲームで持っているお金を全部使ったり、同じ物をいくつも買ったり、といった場合が想定されます。「失敗」も本人の意思、自己決定の結果の一つとして、受け止める必要があります。保護の名の下に本人の意思を軽視したり、行動を制限することは、自立や社会参加を阻むことになります。

障害をもつ人が犯罪の加害者にも、被害者にもならないような支援や、金銭管理などのトレーニング、日常生活の様々な支援体制を整備していくことは重要であり、その内容は「保護」ではなく、「エンパワメント」につながるものでなければなりません。

【第二章】障害をもつ人への差別禁止と権利に関する基本事項

一　地域生活

障害者施策の歴史は、わが国のみならず、世界各国においても排除と隔離の歴史であったと言ってもいいでしょう。基本的人権を謳った憲法の下においても、障害をもつ人が施設で生活することは、あたかも「当たり前のこと」とされてきました。ノーマライゼーションの理念を掲げた障害者プランも、施設を増やすという数値目標が設定され、「着実」にその目標を達成してきているという状況にあります。国の調査によれば、身体障害者では、三五一・六万人のうち一八・九万人（二〇〇一年）が、知的障害者では、四五・九万人のうち一三万人（二〇〇〇年）が、精神障害者では、二〇四万人のうち三四・一万人（一九九九年推計）が、施設または病院での生活を余儀なくされています。将来的には、すべての施設及び精神病院を解体する必要がありますが、当面の策として「本人の意に反した」という規定にしました。「施設、病院から地域へ」を実現するための施策の大転換と、具体的な仕組みづくりを進めていかなければなりません。

障害をもつ人の住宅確保には多くの困難があります。車いす利用者が不動産屋を訪ねても最初から相手にされない、改修を迫られるなどを理由にアパートへの入居を拒否される、こうした障害をもつ人への無知・無理解・偏見によるものも数多くあります。また、単身の知的障害、精神障害をもつ人の公営住宅への入居が制限され、地域生活を阻まれているという、制度上の問題もあります。これらの問題を解決していくために必要な施策を整備していくとともに、人々の意識変革につながる人権教育と啓発の活動も合わせて重要です。

地域生活に必要不可欠なものとして、所得及び介助保障があり、実体法として整備されなければなりません。所得について、現状では生活保護か特別障害者手当を含む障害基礎年金のいずれかになりますが、地域での自立生活を送る上では、ともに不十分な水準にあります。介助についても、多様な社会参加を保障する仕組みになっておらず、提供される時間数の水準の低さ、地域間格差など、多くの問題が生じています。「権利としての地域生活」を実現するために、その基盤となる住宅、所得、介助の一体的な施策の整備が必要です。

また、地域生活の中には、パートナーをみつけて、結婚をしたり、子どもをもつことも、生活の一部として当たり前のことです。ところが障害をもっているというだけで、結婚や子どもをもつことを反対されたり、離婚した際は子どもの親権を認められなかったりすることがあります。結婚や（結婚制度については、賛否両論ありますが、結婚という制度が存在する以上それを望む人もいるので付け加えました）子育てを望む者に、必要以上の縛りをかけることのないよう、国および地方公共団体は、障害をもつ人の親になる権利と、子どもを自分の手元で育てられる環境を整えることが必要です。

二　移　動

福祉のまちづくり条例や交通バリアフリー法の制定など、障害をもつ人の移動に関する施策は一定の前進をみせてきました。鉄道駅へのエレベーター、車いす用トイレ、ホームからの転落防護柵の設置、バスへの単独乗車とノンステップバスの運行、道路の段差解消、歩道の拡幅など、障害をもつ人の移動環境は、従来に比べれば改善されてきています。しかし一方では、航空機における車いす利用者の人数制限や搭乗拒否、視覚障害をもつ人のホームからの転落死亡事故など、移動に関する様々な問題が全国各地に存在しています。

現行制度において「移動の権利」は明記されておらず、依然として行政や事業者の裁量に委ねられているという決定的な不十分さを内包しています。この差別禁止法において、権利性を明らかにするとともに、差別を禁止することによって、障害をもつ人の自由な移動を確保するための仕組みを確立しなければなりません。この仕組みの基本は「障害をもつ人のための環境整備」ではなく、障害をもつ人を含むすべての利用者にとって使いやすいものであることです。短期間での全面的な整備はむずかしいにしても、その優先順位や改善目標の明確化、そして当面の策としての代替措置の実施など、実質的に移動に関する差別が解消される仕組みであるべきです。

三　建　物

駅やホテル、学校などの建物のバリアフリー化については、交通バリアフリー法やハートビル法などによって一定の前進は見られますが、基本的に、障害をもつ人が建物を利用する権利を前提にしていません。このため、業者や行政の努力義務に委ねられる部分が多く、なかなかバリアフリー化が実現しない実態があります。学校のバリアフリー化も遅々として進みません。

さらに、どこをバリアフリーにする・しないという選択も、現行の制度では、利用者が特定多数なのか不特定なのかという要因などが影響しています。このため、ホテルの入り口から部屋の外（出入り口）までのバリアフリーは取り組まれても、部屋の中は取り組まれないなどという本末転倒ともいえる状況を生み出しています。

公共・民間にかかわらず、すべての建物が障害をもつ人にとって利用しやすいバリアフリーであるために、建築許可や改修時のバリアフリーのための義務付けなどが必要です。
これらの理由から、障害をもつ人の建物の購入、賃貸、居住、利用を権利としてきちんと明記し、現行の法律の改正や新たな立法を迫る法律上の根拠（条項）が必要であり、差別禁止法にそのための規定を位置づけることが重要です。

四　利用

一般的に「○○を利用する」という場合、その範囲は生活全般に及ぶということができます。ここでいう「利用」は、本章の「基本事項」で取り上げている地域生活における住宅問題や移動、建物、情報等の各領域のアクセスに関する場面ではカバーできない、様々な個別の消費活動における「利用」の場面（あらゆる商品・施設・便益・販売・接客等のサービスやプログラムの利用）を対象にしています。

日本では、高度成長期に商品価格を下げるための画一的な効率性第一の大量生産と大量消費の構造が多くの場面でつくられてきました。そのために、障害をもつ人の個別のニーズへの対応は無視されつづけてきました。ファミリーレストランで食事をしようとしても、テーブルに点字のメニューがなくて、視覚障害の人には利用できない。映画館に行っても、車いす利用者の場合、大好きな俳優のポスターが貼っているところは通れずに、別の通路で案内される。または、販売業者の説明不足によって、知的障害をもつ人が不当に高額な商品を購入させられる。各種イベントや商品の問い合わせの際に、ＦＡＸやメールなどの案内がないために、聴覚に障害をもつ人は必要な問い合わせができないなど、日常生活において障害を理由に様々な社会的活動への参加を意味する「利用」を制限、拒否している現状は、決して少なくありません。

事業者等に対しては、このような様々な状況に応じて、ある特定のサービスやプログラムを障害をもつ人が利用する場合、利用する場所の物理的な環境整備が不可能な場合には、障害をもつ当事者との協議を行い、別な方法で利用できるようにすることを義務づける規定を設けることが必要です。

昨年の要綱案の提案の後で、ＩＴ機器などのユーザーインターフェースなどへの配慮を規定した条項が無いのではないかとの指摘を受けました。そこで、３(1)の２として新たな条項を立てました。現行法を利用して実効性のある方法をもてないかと思い、工業標準（ＪＩＳ）制度を利用することを考えてみました。なお、この工業標準（ＪＩＳ）制度は、いわゆるハードだけではなくソフト面にも対応しています。

以下のような記述がありました。これは、工業標準化法で設置されている日本工業標準調査会という審議会のホームページからの引用です（http://www.jisc.go.jp/std/index.html）。主旨としては、そう大きく目的が異なっているとは言えないかなと思います。ただ、裁判規範性という観点からは、弱いと言えるかもしれません。その点については、下記にもあるように、国レベルの「規格」を定めているのだという「権威性」を盾に取ることはできないかと思うのですが、どうでしょう？

、標準化（Standardization）とは、「自由に放置すれば、多様化、複雑化、無秩序化する事柄を少数化、単純化、秩序化すること」ということができます。また、標準（＝規格：Standards）は、標準化によって制定される「取決め」と定義できます。標準には、強制的なものと任意のものがありますが、一般的には任意のものを「標準（＝規格）」と呼んでいます。

したがって、工業標準化とは、工業分野における標準化のことであり、我が国では、国が定める工業標準として日本工業規格（JIS）が制定されています。

工業標準化の意義は、具体的には、自由に放置すれば、多様化、複雑化、無秩序化してしまう「もの」や「事柄」について、経済・社会活動の利便性の確保（互換性の確保等）、生産の効率化（品種削減を通じての量産化等）、公正性を確保（消費者の利益の確保、取引の単純化等）、技術進歩の促進（新しい知識の創造や新技術の開発・普及の支援等）、安全や健康の保持、環境の保全等のそれぞれの観点から、技術文書として国レベルの「規格」を制定し、これを全国的に「統一」又は「単純化」することであると言えます。

五　情報とコミュニケーション

知る権利、表現する権利は、憲法や国際人権規約に保障されている基本的人権の代表的な権利です。

この権利が障害をもつ人にとっては、十全に保障されているとはとても言えない現状があります。例えば、テレビ番組に字幕(注)を付けている番組は、二〇〇一年時点でNHK総合で二三％弱、民放キー五局では全番組のわずか六・三％に過ぎません。点字による文書はまだまだ限られたものでしか作成されていません。文章の読解に困難をもつ知的障害をもつ人たちへの対応は、まだほとんど意識されてもいません。

このような現状を変え、障害をもつ人が幅広く情報を享受・利用し、また表現することを保障する条項です。

「3　配慮義務」の(4)項は、放送事業や電気通信事業は国の免許・許可事業ですから、その仕組みを利用して、それらのユニバーサルデザイン化を進めることを国の義務とする条項です。

ところで、表現物を障害をもつ人にとって利用しやすくする場合、その表現物の媒体を適当なものに変換させたり、表現に改変を施す必要が生じる場合が多くあります。この際著作権の保護や表現の自由と軋轢を生じることが現状では少なくありません。それが障害をもつ人の情報の享受や表現の自由を制約する結果を生じさせています。そうした権利や自由と、障害をもつ人が利用する権利との調和を図る必要があります。しかもその調和は、いわゆる「お互い様」ということではなく、障害をもつ人の権利を保障することを前提としなければなりません。なぜなら見えないこと・聞こえないこと・読めないことも人間のありようであり、表現はその人間のありように沿った範囲でのみ成立するものだからです。

著作権や表現の自由にも、合理的な理由に基づく限界はあります。その「合理的な理由」に障害をもつ人の権利保障が含まれていると考えるのです。

注　ここでいう字幕は、クローズドキャプションといわれているものです。この字幕を見るためには、それに対応した機能のある文字放送受信装置が必要です（装置を内蔵したテレビもあります）。この装置は日常生活用具に指定されていますので、聴覚障害者世帯では自己負担はほとんどなしで購入できます。ただでさえ少ない字幕付き番組ですが、対応した装置がなければそれを見ることもできないのです。一方アメリカでは、一四インチ以上のテレビには字幕表示装置（デコーダー）の内蔵が義務づけられています。アメリカと日本では字幕表示の規格が違うので、一概には比較できませんが，こうした対応を日本でもメーカーはすべきです。

六　教　育

世界的にみても、障害児教育は統合（インクルーシブ教育）を原則とする方向にあります。しかし、文部科学省の姿勢は一貫して分離教育を維持しています。その中で、障害児の多くは地域の普通小中学校に当たり前に就学できるようにはなっていません。今までの運動の中で、当事者や親が希望を明確にすれば普通学校への就学ができる地域もありますが、入学後の支援の不十分さ（親の付き添いを条件とすることや、一人ひとりに必要な援助の未提供、いじめなど）から養護学校への就学・転校を余儀なくさせられる場合、あるいは教育委員会の強い指導に抵抗できずに養護学校を選択してしまう場合さえあります。二〇〇三年度より学校教育法施行令の「改訂」により、「認定就学者」という枠組みで、教育委員会が「特別な事情がある」と認定した場合、普通学校に就学が認められるということになりましたが、教育委員会の就学指導による振り分けは生きており、「認定就学者」というレッテルで必要な支援が得られるのか、かえって差別を生む恐れがあるのではないか、現状では懸念が増しています。

障害をもつ人も社会の構成員として地域で多くの人とかかわりながら生きていくのが当たり前だというのがノーマライゼーションの考え方であり、教育は、そうした社会を実現する基盤づくりの役割を担っています。そのためにも私たちは、統合教育を原則として差別禁止法に規定する必要があると考えます。その原則に立って一人ひとりのニーズを保障する仕組みを確保し、そのことに対して同意したり、異議を申し立てたり、是正を求めるたりする手立てを講じていくこと、また分離教育を余儀なく選択させせない施策の実施も必要でしょう。

ろう児や盲ろう児が、自分たちの言語として手話や効果的なコミュニケーションを習得していくことは、権利として保障されなければなりません。また言語として習得していくためには、どうしてもその言語を使うもの同士の集団の場が保障されなければなりません。上記のように、国際的には統合教育が進められていますが、併行して、こうしたろう児や盲ろう児への対応のあり方の必要性も認められてきています。この条項は現状のろう学校のあり方をそのままにして、ろう学校だけは存続させるというのではありません。手話を核として、ろう者・盲ろう者としての肯定的自己実現を図っていく、そのような教育の場へと変革していくことをろう学校に課しているのです。

七 就労

障害者の就労については、一般就労と福祉的就労という位置付けで施策が実施されてきました。しかし、一般就労については、採用、職場環境、賃金等で様々な不利益な状況におかれており、国が定める雇用率制度も企業側の姿勢次第という状況で大きくは前進していません。また、自分一人で職務が遂行できないとされる重度障害者は、授産施設や小規模作業所における活動が福祉的就労とされ、一般就労につなげられないどころか、施策の不十分さをアリバイ的に覆い隠す役割を担っているとさえ言えます。

こうした現状を踏まえるとき、まず、障害をもつ人が一般就労をし、それを維持するためには職場だけではなく身近な地域の中で、人による支援を受けながら働くこと（ジョブコーチ制度など）が当たり前の権利として認められる必要があります。そして、職場環境の不十分さや最低賃金適用除外などの不当な取り扱い、また仕事をする上で必要とされる資格取得を不当に制限する欠格条項など、障害をもつ人が働く上での障壁も除去される方向に進めていかなければなりません。また、現在の雇用率制度にはその算定方法や納付金制度とその使途などに関して非常に多くの問題が含まれています。私たちは企業が一定の割合で障害をもつ人を雇用するということについては、アファーマティブ・アクションとしての位置付けが必要だと考えますが、現状の制度自体をどのように変えていくのか、それをどのように禁止法に規定するのかについては、今回の「要綱案」提起の上で議論していきたいと思います。

その一方で、月々わずかの賃金しか得られないような授産施設や小規模作業所として是認されてしまっている福祉的就労は一般就労として位置づけるのではなく、あくまでも一般就労への橋渡し的な施策として徹底化される必要があります。今回の「要綱案」では、その点を踏まえ、過渡的な内容として福祉的就労に対して一般の労働関係法規を適用し、劣悪な条件下で働かざるを得ない人たちの権利を少しでも底上げする内容も盛り込んでいます。

八 医療およびリハビリテーション

医療（リハビリテーションを含む）については、二つの側面から考えることが必要です。一つ目は、障害者が受診を望んでいるのに診療を拒否されることがないようにすること。もう一つは、自分が望まない診療を拒否できるようにすることです。障害をもつことで普通に受診できるはずの診療を受けられないというのは、多くの障害をもつ人が経験しています。慢性疾患においては生活上の困難さではなく、疾患種別で医療費助成が決められるなどが原因で、医療を受けることさえ困難になっている人も多くいます。医療であれ、リハビリテーションであれ、自らが適切な情報を得て、自らの意思に基づく限りは、社会サービスの一環として、どのような障害をもつ人であれ受診をしやすくする方策をたてることが当然求められます。

その一方で、障害をもつ人は自分が望まない医療やリハビリテーションを受けることを強いられてきたということも否定できません。とりわけ精神障害をもつ人は、医療の名の下に不当な診療行為や隔離的環境におかれてきました。診療を受ける際の合意の確保、不当な医療行為を禁止するとともに、もしも望まない医療行為を受けた場合の救済措置、さらには意思が伝えられない場合に自分の望まない診療を拒否するための仕組みを確保しておくことは是非とも必要です。

また、精神医療については、診療を希望する当事者が安心して受診できる体制が求められており、他の医療科よりも低く設定されている従事者数を、是正させることも求められています。

妊娠に際しての配慮義務についても医療の項でふれることとします。障害の有無によって命が価値づけられることを否定することが、基本的な考え方です。産む産まないを個人が自己決定することは保障されねばなりません。しかし、産まない理由として、男女の別や、障害の有無を含むことは否定します。

産むと決定することが、産まれてくる本人及び親への不利益や非難につながってはならないし、生きている障害をもつ人への差別につながる論理が生まれてはなりません。

障害は、その存在自体が問題ではありません。障害をもつことによって生じる生活上の困難さが問題なのです。人生の出発点を、障害を理由として、一方的に閉ざされることに対して、強く異をとなえます。そのために、障害をもつことを否定的な観点から、情報提供するのではなく、中立な観点から情報を提供し、特に、障害をもつ当事者から情報を提供することが重要だと考えます。それは、もちろん「妊娠に際して」だけではなく、日常のあらゆる場面で情報提供をしていくことが重要であり、禁止法でとりあげているあらゆる事項の中で、具体化していくこととなります。

（九　出生　＝　削除）

九　性

障害をもつことを理由に、性を否定されたり、軽んじられたりされるべきではないということです。障害をもつ人は、教育においても、施設においても、また家庭においても、地域社会においても、どちらかというと性をもたないもの、すなわち中性としての扱いを受けることが多くありました。しかしその個人にとって自己の性をいかなる性として認識するかの問題とは別にして、障害をもつために、性という属性を有しないという社会の側の扱いは、その個人の人格を否定するものにほかなりません。

障害をもつ人への性的虐待はなくなりません。障害をもっていようと、もってなかろうと強姦は大きな犯罪です。加害者の罪の重さは、被害者が障害をもっていようともってなかろうと差はないはずです。ですが施設や作業所など、閉鎖的な環境で性的関係を強要されてしまうこと、それを明らかにできずに泣き寝入りしてしまうことだけはあってはならないことです。

また、一九九六年に優生保護法が改正されて母体保護法となり、障害を理由にした本人への同意なしの不妊手術を認める条項はなくなりました。ですが、「障害をもっているあなたに子どもをもつ必要はない」「生理介助は大変」などと言い続けたり、「結婚するなら生殖機能をなくしてからに」ということによって本人同意を誘導的に得て、不妊手術を行うことはなくなっていません。

どのような障害をもつ人にも、障害をもたない人と同様、人を愛したり、子どもを産む権利はまずある、と当たり前に考えられる社会になるべきです。

十二　政治参加

政治参加の権利、参政権は、基本的人権の一つであり、具体的には、選挙権・被選挙権・公務員になる権利などがあげられます。障害をもつ人は、社会の一構成員としてこの権利を障害をもたない人と平等に享受すべきです。また、人権侵害や不公平を是正するための法制度づくりに障害をもつ人自身が参画してこそよりよい効果が得られるという観点からも、政治参加は大きな意味をもちます。

ところが、実態は障害をもたない人との大きな格差を明らかにしています。たとえば選挙公報の点字版や拡大文字版、平易な言葉に置き換えた版等の作成は制度化されていません。選挙公報の点字版が作成されることがありますが、あれも制度的に作成が保障されているものではないのです。聴覚障害をもつ人に対する情報保障の制度もきわめて不十分です。まず政見放送については、その実施が認められているのは国政選挙と知事選挙のみです。その中での情報保障には、一貫性がありません。現状では、参議院議員選挙では、政見放送は放送局での録画方式で、その時に手話通訳者を付けることができるだけです。それ以外の、たとえば字幕を付すことは認められていません。衆議院の小選挙区の政見放送では、候補者届け出政党が放送用のビデオを作成し、それを放送局に持ち込む方式が認められています。最近はそのビデオの中では、手話通訳を入れたり、字幕を付けたりと聴覚障害をもつ人への配慮をする場合が多くなってきました。

政見放送については、まず放映する選挙の対象を拡大し、そしてビデオ持ち込み方式に統一し、そのビデオを作成する候補者届け出政党には、聴覚障害をもつ人をはじめとする障害をもつ人への配慮を義務づけることが必要です。二〇〇三年秋に行われた総選挙である政党は、手話通訳も文字通訳も付けずに代表者の話を映すというビデオを作成し選挙期間中放映していました。このような差別的な行為を防ぐためにも義務付けは必要です。なお、このビデオの作成は、公職選挙法では無料でできることとなっています。

街頭演説における字幕等の文字による情報提供も認められていません。公職選挙法に認められていないことをしようとすることは、「犯罪」を犯していると判断されることにもなります。たとえば街頭演説や個人演説会に際して、文字によって複数の聴覚障害をもつ人へまとめて演説内容を伝えようとすることは、法定外の文書図画の頒布や掲示であるとみなされるおそれがあるのです。また全国の投票所の七〇％近くに段差があり、その過半数が人的介助に頼っているという現状報告もあります。施設や病院内で特定の候補者に投票することの強要、郵便投票、代理投票の条件規制緩和の必要性も大きな問題です。

被選挙権にしても、衆議院議員四八〇人、参議院議員二四七人中、障害をもつ議員は数名しかいません。地方自治体の議員についても、障害者人口の全体人口に対する割合を充たすには程遠い数字となっています。公務員になる際に障害がないことや補助がいらないことを条件にしているところもあります。行政府や立法府の情報が窓口やインターネット、印刷物を通じて視覚障害者や聴覚障害者、知的障害者に利用しやすくなっているかどうかも問題です。

現行の公職選挙法や地方公務員法がこれらの問題にかかわりますが、障害をもつ人の政治参加の権利という視点が欠けているため、行政の裁量に委ねるところが大きく、政策に一貫性もありません。投票所のバリアフリーなども、直接行動を促す法律がないため、なかなか進みません。

したがって、差別禁止法で政治参加の差別禁止を明確化することで、関係する現行法の見直しや改正を迫る必要があります。さらに、障害をもつ人をより多く政治に参加させるためには、アファーマティブ・アクション（積極的差別解消措置）を制度化することが重要です。

十一　司法手続

差別禁止法が制定されれば、司法及び司法関係諸機関も公共機関の一つとして、その権限行使に当たっては、同法の適用を受けることになります。現状の司法機関並びに司法関係諸機関が人権保障上、極めて重大な機能と役割をもっていることを踏まえると、特別の配慮がなされることが求められます。とくに、刑事司法の分野においては、憲法に規定された適正な手続条項に基づいて、刑事被疑者、被告人に様々な権利が保障されていますが、障害をもつ人に形式上これが保障されたとしても、実質的な配慮がなければ、被疑者、被告人の自らを防御する権利が保障されていることにはなりません。

これは捜査の開始から、判決が確定し、さらに刑の執行が終了するあらゆる過程において、必要とされていることです。

そうでなければ、一般社会生活上において、自己主張することが困難な障害をもつ人は、刑事手続にさらされた場合、なおさら自らを正当に防御することが困難な状況に置かれることは、火を見るよりも明らかです。特に取り調べの過程で、自分に不利益な供述を強制され、もしくは取調官の様々な誘導に乗り、結果として冤罪を生む可能性は非常に高くなります。

また、逆に、障害をもつ人が加害者ではなく被害者の場合には、被害に関する証言能力について、無知、無理解に基づく理由のない不信感が一般常識として、司法関係者にはびこっている状況では、正当な救済は望みようもありません。一般社会人が被害者であれば、刑法または民法の規定で解決する場合でも、虐待等の被害者が障害をもつ人の場合、被害者の証言の信用性が低いとして、刑事の場合であれば、はなから起訴しないなど、司法機関等の正当な権限が使われないまま放置されたりすることが少なくありません。

民事でも、知的障害をもつということだけで、証言に信用性を認めようとしない司法の姿勢は、司法の拒否に等しい場合もあります。

こうした実態を踏まえ、障害をもたない人と同等に、司法手続に関する諸規定が障害をもつ人に権利として行使されるように、特別の配慮事項を定めることが必要です。

【第三章】実施及び救済機関

障害をもつ人に対する差別は、国民個々人の心のありようで解決するものではなく、一国の社会的、政治的、経済的状況に深く根ざしたものであるため、差別をなくすには、個々人の行為を禁止するというやり方だけでは、根本的に解決しません。差別の現状を究明し、差別をなくすためのビジョンを示し、そのための政策を実行することなくしては、全体として差別をなくすことはできません。以上の必要性が、本「要綱案」において「実施機関」を設けた第一の理由です。

次に重要なことは、障害をもつ当事者をこの機関の意思決定および「実施機関」に参画させることです。なぜならば、当事者から見た差別と、いくら専門家であっても障害のない人が見た差別には、大きな開きがあるからです。

救済に関しては、本来、司法機関の役目であるところですが、厳格な立証を必要とし、さらに長い時間と経費等の負担を被害者に求めることは、事実上救済を拒否するに等しい場合も多く存在します。しかも障害に関して専門的な知識をもたない一般の裁判官によって、正当な事実認定を期待できない場合も存在します。

さらに、裁判による判決では、差別の態様に応じた柔軟な解決を図るには、適しない場合も存します。以上のようなことを考慮すると、裁判手続に移る前に、柔軟で簡易な準司法的仕組みとしての解決手段を用意する必要があります。

このような「救済機関」を考える場合の主な問題は、二点あります。

一つは、事実の究明です。例えば、施設の中で起きた事件等は、外部から調査することは非常に困難です。従って、この救済機関に事実調査の権限が法律上保障されなければなりません。

二つめは、救済方法です。単なる調停だけでは、ほとんど効果を期待することはできません。調査権に基づいて、一定の事実が明らかになった場合には、是正命令、警告、勧告、要望、公表、及び訴訟提起することができる権能があるということでなければ、調停も成立しないことになってしまいます。

【第四章】 団体訴権の付与

団体訴権という用語は、まだなじみが薄いかもしれません。現在日本では、消費者保護分野で制定が具体化されつつあります。また、ドイツの障害者禁止法では採用されています。

この考え方は、ある特定分野に関して、その分野にかかわって専門的に活動している団体に、個別的な利益の存在を前提とせず訴訟の原告適格を認めようというものです。つまり、現行の訴訟では、裁判を起こすことのできる人は、法的にその裁判で求める利益の帰属主体であることが必要とされています。例えば消費者問題を例にとると、悪徳商法を行なっている業者がいてその被害者が出ている場合、損害賠償を求めることができるのは、現行法では実際に被害に遭った人のみです。しかしこれでは、個人または個人の集合対業者という訴訟にしかなりませんし、事後的な対応しかできません。実際には訴訟への対応能力や、情報量などでどうしても被害者側が弱くなりがちです。また、被害が生じる前に、または拡大する前にその商売の仕方を止めさせるということができません。

そのようなときに、消費者保護を専門的に活動目的としているような団体に、個人の利益を超えて消費者一般の利益を保護するという観点から、そうした商売の仕方を止めさせる、またはそもそもそうした商売をしないように差し止めさせることを目的とする訴訟を起こす権利を与えたらどうでしょうか。これはかなり効果がありそうです。訴訟の結果、ある商売の仕方は違法であると裁判所に認定されたら、もう同じようなやり方ではその業者も他の業者もできなくなりますし、すでに被害に遭った人も、その判決を援用してその契約を取り消すことができたら、個人の救済も簡単になります。そこで、そのような制度をつくろうと現在国レベルでも研究が進められ、法案提出までもう少しというところまできています。ヨーロッパでは、多くの国ですでに採用されているそうです。この仕組みを障害をもつ人の権利救済にも使えないかという発想から提案しているのが、この章です。ただ、消費者保護分野の仕組みをそのまま持ってくることができない面もあるので、今回は、とりあえずの提案という段階です。今後少しずつ研究を重ねていきます。

【第五章】 障害をもつ人のための支援機関

障害をもつ人が、その救済を求めて、救済機関（第三章参照）による手続きや、直接相手方と交渉する場合、自己の力でやりなさいと言ってもそれは困難です。障害をもたない人の場合であっても、多くの場合は他人の力を借りることが多くあります。

訴訟などにもちこむ時には、多くの場合、弁護士という専門家を付けることになります。しかし、障害をもつ人の場合、経済的に余裕がないことも多く、また、差別事件の場合、事件が解決したとしてもそれが経済的利益に結びつかないことも多くあります。このような事件について、弁護士としては、事件解決に向けた労力に比して金銭的な報酬の少なさに受任することを躊躇することもあります。また、障害について理解の浅い弁護士も多く、より当事者の立場に寄り添った弁護活動を期待することも、現状としては困難であると言えます。

そこで、刑事事件については、国選弁護制度があるように、障害をもつ人に対する差別事件に関しては、国家の費用をもって当事者を支援する機関を設置する必要があります。

アメリカには、このような機関として、プロテクト・アンド・アドヴォカシーという機関が存在します。このような現実の必要性から生まれた制度です。権利意識の弱い日本では、アメリカ以上にその必要性は高いのです。

ここでの問題点は、国家が十分な費用を提供することと、この組織の独自の調査権です。この点は、救済機関のところで述べたことと同様であり、証拠の多くを相手方が保持している現状では、このような調査権がなければ、実質的な権利擁護は不可能であると言えます。

【第六章】　人権教育・啓発

一九九四年十二月の国連総会において、九五年から二〇〇四年までの十年間を「人権教育のための国連十年」とすることが決議されました。これを受けて政府は、内閣府に人権教育のための国連十年推進本部を設置し、九七年に「国内行動計画」を策定しました。

同「国内行動計画」における『障害者』の項では、①障害者の日や週間を中心とする啓発・広報、②障害のある子どもの交流教育の実施に関する理解、③精神障害者の人権擁護のための精神保健指定医、精神保健福祉相談員等に対する研修、④障害者雇用促進月間の推進、⑤人権相談体制を充実させていくための障害者に対する差別や偏見を解消するための啓発活動等があげられ、抽象的で一方通行的または限定的な啓発にとどまっています。

これからの人権教育・啓発に求められていることは、旧来の一般的な「正しいとされる結論」の注入ではなく、学ぶ側の自由で創造的な行動への参加に結びつく主体的な行為として展開されなければなりません。そのためには、一人ひとりの学びとエンパワメントの過程を重視し、「人権を抽象的な規範の表明としてではなく、自分たちの社会的・経済的・文化的・政治的な生活現実の問題としてとらえるような対話に学習者を導くための手段や方法をさぐる」（国連事務総長報告）ことがもっとも大切です。

とりわけ、本要綱案の「差別の定義」（第一章—4）で提起されている「障害をもつ人への意図しない差別とは、障害をもつ人に対する無知・無理解・偏見によって、行政機関および公的あるいは私的団体、個人が権利侵害の事実を認めない、または、障害の特性やニーズを踏まえた適切な配慮を行わないことによって、そのために結果として障害をもつ人が何らかの不利益をこうむり、不当な取扱いを受けている状態にあること」が、生活場面で表出された具体的な事象との関係で、障害をもつ人をとりまく社会の側がどのように認識できるのかが重要です。

III

資料・国際的な動向

1 障害に関する国際法、比較法、地域法改革概観

テレジア・デゲナー／ジェラルド・クィン
秋山愛子・訳

はじめに

この論文（A Survey of International, Comparative and Regional Disability Law Reform）は、世界の、権利に基づく障害へのアプローチの台頭と、このアプローチがおよぼした影響について検討を加えることを目的としている。その際我々は、差別禁止に重点を置いた機会均等モデルを、最も基本となる概念上の起点とした。

機会均等モデルは、国際的にも、そして国連制度の中でも地位と権限を拡大してきた。我々は、世界のたくさんの国々で進行している改革の過程をここで検討した。この改革のプロセスは、当然、多様で複雑であるが、全体的には、機会均等／差別禁止モデルに移行しているようにみえる。この傾向が一九九〇年代、顕著となった。一九九三年の国連・障害者の機会均等化に関する基準規則が、世界中で起きた変化の主要な倫理規範となったことは疑いようもないが、同様に重要なのは、変化が決して不可能でなく、実践できると明らかに示した、障害をもつアメリカ人法（ADA）である。

この論文で我々は、ヨーロッパ地域でのADA同様の法律制定をめざした間断のない動きを、事例研究の対象としてとりあげた。いわば「障害をもつヨーロッパ人法」と呼

べる法律に向けてである。その方向性に向けての最初の何歩かが踏み出されている。我々はまた、欧州評議会や欧州連合のような地域の組織が、地域レベルや各加盟国内で起きている変化の触媒としていかに重要な役割を果たしうるか留意した。

我々はこの論文を三つに分けた。

第一部は、変化の過程の原動力である根本理念と、福祉から権利へのパラダイムシフト（訳注：根本的な発想の転換。以下パラダイムシフトとそのまま記す）について書いた。国連レベルで、差別禁止モデルの価値観と原則がおよぼす影響力がしだいに拡大する様子を追った。また、このパラダイムシフトを現実のものにするため、差別禁止法や他の方法で、たくさんの国々が展開してきたさまざまな作戦を凝視した。

第二部では、一つの地域がいかにこのパラダイムシフトに着目し、呼応する法律や政策をつくろうとしているかに焦点を当てた。我々の分析からは、地域と関連の加盟国内両方で起きている変化の原動力として、地域機関がとても重要であることが明らかになった。

第三部では、この改革の過程のもつ本質や、それが与える効果的な刺激、あるいはそれが残す新たな課題について、いくつかの暫定的な結論を導いた。今後の課題の中には、障害領域の差別禁止理想の前向きな実績を支持する（が決して侵食することない）社会権政策の発展も含まれている。

第一部　国際比較法におけるパラダイムシフト

一　転換の根拠：客体としてではなく主体としての障害のある人々

障害法は長い間、アメリカ国内の数ある大学でも法学研究や教鞭の対象領域ではなく、他の世界の国々でも広く認識されていなかった。北アメリカやヨーロッパ諸国では、障害にかかわる問題は通常、社会保障や社会福祉の立法、あるいは医療法や後見人制度という側面から扱われてきた。このような法律上の対応の根底にあったのは、障害のある人を社会の主流から隔離・排除し、ときには特殊な学校や作業所、別の住居と交通手段を提供するという社会政策だった。

幸いなことに、一部の国が、障害政策に統合やインクルーシブというアプローチをとるようになったとき、大幅な法改革が生じた。障害のあるなしに関係なく、等しく雇用や教育、住居、商品やサービスを開かれたものにする試みによって、障害にかかわる問題は医療ではなく社会問題である、という理解が深まった。

アクセスがないということは移動能力や視覚、聴覚の欠陥によって必然的に生じるものでない。スロープではなく階段をつくることや、活字でのみ情報提供をしたり、手話や他のコミュニケーション手段を看過したりということを許している政治決断の結果である。もはや、障害を個人の問題とするのでなく、環境や社会全体が人間の違いをどれだけ認めていないかととらえられるようになった。

1　障害を人権課題ととらえることの重要性

医学モデルから社会モデルへのパラダイムシフトとともに、障害は国際法のもと、人権の課題として再分類されるようになった。この領域の改革は、障害者に均等な機会を提供し、隔離や施設収容、排除を典型的な障害に基づく差別として露呈することを意図していた。障害をもつアメリカ人法（ADA）のような公民権法の発展とともに、国レベルのパラダイムシフトはさらに、社会福祉法から公民権法へという形で進行した。この新しい障害関連法の局面は、障害者の人権認識に向けての重要な一里塚として歓迎され、より多くの政府もすすんでこの方向性に進もうとしているようである。

しかしながら、依然として不明瞭なのは変化の範囲である。障害は医療の課題であるという現在切り崩されつつある考え方が、これまでの障害福祉法を支えてきたとしたら、各国政府は、今、これらの法律を廃止して、私たちが言うところの公民権法を成立させるべきなのだろうか？　私たちは、社会隔離の代償としてこれまで支払われてきた給付を今も必要としているのだろうか？　社会モデルが医学モデルに取って代わることで、どのような法律上の変化が生じるのだろうか？　もちろんこのような質問は、社会資源をどのように分配するかという、細心の注意を要する課題も提起する。

さらに、このような問いかけは、障害法の改革の結果に影響をおよぼすもう一つの課題、平等原則に密接に関係してくる。この原則は、最も基本的な人権の一つであり、他との関係性に左右されるという性質をもっている。つまり、ここで私たちが言う障害のある人の平等という考え方が新たな問いを投げかけているのだ。例えば、誰に対して、どの程度、どのような状況での平等なのかということだ。教育や雇用、政治参加に門戸を開放するだけで十分なのか？　それともすべての人を中に入れる手助けをする必要があるのか？　もし学校や職場、公共の建物のアクセスが整っていても、交通機関がバリアだらけであったら、すべての人を学校の中に入れる手助けをしたことになるのか？　雇用における不愉快な障害者差別を禁止するだけで十分なのか？　それとも、もっとわかりにくい「善意」の形態をとる差別も、確実にその対象にするべきなのか？　一部の障害者を施設から外に出して住まわせるだけで十分なのか？　それともすべての人が確実に施設から出るようにした方がいいのか？　障害のある人が、同じ職場の障害のない人と同じ給料をもらう一方で、その六〇％を、健常者の同僚には必要のない介助費用に充てていたとしたら、平等を獲得したことになるのか？

2　平等概念の豊富な多様性

平等原則の基本的性質が何であるかについては、国内法や国際法ですでに合意を得ているが、この原則の解釈は様々である。平等を理解する三つの方法は、⑴形式的あるいは法適用上の平等、⑵結果の平等、そして⑶機会均等あるいは構造的平等である。

法適用上の平等では直接的な差別を禁止し、差別をする可能性のある側の視点を、人種やジェンダー、性的指向などの属性に着目しないことを目的としている。このような属性に基づく不平等な取り扱いは、（訳注：差別する側の）裁量によって（訳注：差別でないともあるとも）正当化されがちなので、法適用上の平等では、違いを無視することを社会に要求する。この考え方は医学モデルを超克しようとする障害権利活動家たちの要求に合致し、障害自体は問題の原因ではないという捉え方を際立たせる。しかしながら、平等を獲得するためには、建物の改築やプログラムの調整がアクセス提供に必要とされる例のように、障害が考慮されなければならない。社会のすべての構成員に均等なアクセスを認めるためには、その社会に存在する違いを認識することが要求される。マーサ・ミノウ氏は、障害のような違いを扱う場合の、政策上のジレンマを指摘する。違いを無視すれば固定観念や汚名を予防できるが、違いがあるという現実をきちんと認識できないという代償をともなう。一方、違いを考慮することで、違いのある現実を正しく理解できるかもしれないが、違いのもつ本質についてまちがった捉え方を恒久化させてしまうかもしれない。

結果の平等では結果分析を通じて障害の本質を直視する。したがってこの考え方によれば、均等な給料をもらっているが、個人のニーズにかかわる支出を自己負担しなければならない障害労働者は差別されていることとなる。すべての人々は平等な価値と尊厳をもつとする人権理論が、この平等の中核をなしている。この考え方からは、もともと平等であるはずの人間が共通の資源を不平等に所有することを正当化できないので、資源の平等な配分という要求が正しいとされる。

しかしながら結果の平等は、容易に解決しにくい問題を提起する。この原則にしたがうとすると、まず、責任の問題に直面する。誰がこれらのニーズを満たす責任を負うのか？　国なのか民間なのか？　第二に、結果の平等によれば強固な福祉国家が要求され、自由市場の理想を妨害する可能性がある。同時に結果の平等そのものが不公正を永続させる可能性がある。なぜなら、取り扱い方ではなく結果を重視しているからである。例えば、障害者のための特殊な学校が普通校と同じ教育上の機会や資格を提供しているならば、障害のある学生を対象とした隔離教育は合法であるとされる。はっきり言えば、結果の平等を平等理解の唯一の方法として受け入れるとなると、普通校に障害のある学生をメインストリーム化することは誤った目標となってしまう。

平等についての第三の視点は、機会均等である。これは、平等な結果の確保でなく、平等な機会の提供を求めているという点で、他の二つの解釈に比べればより柔軟である。この点では、機会均等は市場経済により適合する。集団に対する差別の歴史をみつめ、伝統的かつ古典的な差別の形態を明らかにする。この、機会均等という考え方は、固定観念と構造的な障壁の両方を、インクルージョン実現の障壁として認識している。もし固定観念が差別の根拠になっているのであれば、障害という事実は無視されなければならない。しかし、環境あるいは社会的な規範が真のアクセスやインクルージョンの実現を妨げているのであれば、障害は考慮されなければならない。この側面が「適切な配慮」という言葉に凝縮されている。これは一九七〇年代にアメリカで発展した。この着想は、表現はさまざま違えども、世界中の国々で使われるようになった。

機会均等という概念は、現代の障害関連法においてもっとも頻繁に使われている。この平等の概念が、今や唯一のグローバルな経済モデルである、自由市場経済の長期的目標に合致しているというのが、その理由の一つかもしれない。公民権法は、社会参加が不十分にしか保障されていない集団や少数派に均等な機会を提供するので、これまで市場に有意義な参画ができなかった人々に門戸を開放する。これによって消費者と生産者両方の絶対数が拡大する。しかしながら、差別禁止法がない場合、自由市場という環境で純粋に自己利益を追求する個人の活動が、障害のある個人や集団に不満足な結果をもたらしてしまう可能性は絶えず存在する。均等な機会をすべてにという概念は、現在の自由市場の範疇で一応機能しているにもかかわらず、資本主義市場のとらえ方を徐々に変える可能性ももっている。これは、今まで市場経済の恩恵をこうむっていなかった人々がなぜこの中間的な平等のモデルを支持しているかの理由となっている。

3　多層的な改革の過程：国際、地域、国内における発展

障害法における改革は世界各地で進行している。一九七〇年代、さまざまな法の領域で平等条項がまばらに盛り込まれたことから始まり、一九九〇年代には、より包括的な法律が成立したが、アメリカとカナダが、障害のある人々のための差別禁止法や他の人権立法を採択した最初の国である。

特に一九九〇年代は、障害法においてめざましい躍進をみせた一〇年であった。この間、四〇以上の国々で障害差別を禁止する法律が成立した。障害者の新しい平等法は、国内と国外、国際人権文書で同様に台頭した。現在では、拘束力あるなし、両方を含めた国際人権文書で、障害者の権利保護を明記しているものが国連総会で採択されている。地域レベルでは米州機構（ＯＡＳ）と欧州連合（ＥＵ）が強力な障害に関する平等法を成立させた。ＯＡＳは、法的拘束力をもつ障害人権法を成立させた最初の政府間機関である。一九九九年には、障害のある人々に対するあらゆる形態の差別を撤廃するアメリカ大陸内条約が採択された。個人の権利は盛り込まれていないが、障害に基づく差別を定義した最初の地域レベルの条約である。

各国の障害権利運動は、ここにあげた法律改革の主な推進力となった。国内では相互に迅速に学び合い、国際的には協力関係を築いてきた。

二　国際人権と障害：国連人権機構内の発展

1　ソフトロー的政策の発展

六億人という世界最大のマイノリティ（少数派）であるにもかかわらず（その内三分の二が発展途上国の人口である）、障害のある人は、国連成立後の最初の三〇年間は無視されていた。国際人権憲章の草案作成者は人権侵害にさらされやすい集団の中に障害のある人を入れなかった。この憲章を構成する三つの文書（すなわち世界人権宣言（一九四八年）、市民的及び政治的権利に関する国際規約（一九六六年）、経済的、社会的及び文化的権利に関する国際規約（一九六六年））のなかの一つとして、保護されるべき部類として障害についてはふれていない。たとえ、これらの文書の中で障害が課題として提起されていたとしても、社会保障や予防医療の領域でしかない。

一九七〇年代になってはじめて、精神遅滞のある人々の

権利宣言（一九七一年）と障害者の権利宣言（一九七五年）の公布によって、障害のある人々が人権宣言の主題として認識された。しかしそれでも、これらの初期の文書における障害の概念は医学モデルのなかでしかとらえられず、障害のある人は主に、医療上の問題があり、社会保障と福祉に依存し、隔離されたサービスと施設を必要としている人々としてみられていた。同時にこの時期、国連総会は、国際人権憲章の平等条項にあげられている「その他の身分」の中に障害も含まれることを明確に支持した。

一九七〇年代、さらに八〇年代を通じ、国連総会はいくつかの決議を採択、これらは一九八二年障害者にかかわる世界行動計画につながった。この計画は、一九八三年から一九九二年にわたる国連・障害者の一〇年の指導的文書である。計画の最も重要な二つの目標は、予防とリハビリテーションであり、障害法と政策に対するより伝統的なアプローチを反映していた。しかし三番目の目標、機会の均等化は、国際レベルにおける変化への道をひらいた。「機会均等は」以下のように定義されている。

「社会の一般的な制度、例えば物理的環境や文化的環境、住宅や交通、社会サービスや医療サービス、教育、労働の機会、スポーツや娯楽のための設備を含む文化的・社会的生活が、すべての人々にとって利用しやすくなる（アクセシブルになる）過程である。」

国連・障害者の一〇年を通じて、障害政策と法律における平等権の側面が、台頭する国際障害権利運動の主な獲得目標となってきた。

障害の医学モデルから人権モデルへのパラダイムシフトの一助となった他のできごととしては、国連人権委員会が準備した二つの報告、精神保健の領域の人権にかかわるものと障害者の人権侵害にかかわるものがあげられる。これらによって初めて、障害が国連人権部門内の主題としてとりあげられ、慈善施策の受け手としてだけでなく人権（侵害）の主題として障害のある人がみられるようになった。この報告書の一つが、病院内の障害者の保護を目的とした拘束力のない人権文書の成立につながったが、もう一つの報告書の結果はどちらかといえばかなり不十分なものだった。報告書の意味あるフォローアップは、国連人権委員会の後援で行われなかった。この十年を通じ、他の有意義なガイドラインや基準が採択された一方、障害者の人権擁護に関する法的拘束力のある条約成立の提案は一九八七年、八九年両年の総会の第三委員会内で多数支持をとりつけることはできなかった。八七年にはイタリア、八九年にはスウェーデンがそれぞれ、この条約の可能性を提起した。

一九九三年、総会は代償的な措置として、法的拘束力のない、国連・障害者の機会均等化に関する基準規則を最終的に採択した。この文書は世界行動計画の上に成り立っており、明確に平等を強調、以下のような定義を提供している。

「平等権の法理とは、すべての個人のニーズは同等に重要であり、このニーズが社会の設計の基礎とならなければならず、あらゆる資源がすべての個人の均等な参画の機会を確保するために使われなければならないということである。障害のある人々は社会の構成員であり、地域社会にとどまる権利を有している。通常の教育、医療、雇用、社会サービスの体系内において支援を受けるべきである。」

法的拘束力がない他の障害文書と対照的に、基準規則では、規則の実施を推進かつ監視する義務を負った特別報告者と専門家パネルが設置された。このパネルは、障害分野の六つの主な非政府組織（NGO）からの一〇人の代表者によって構成されている。このシステムのもとで作られた報告書の数々は規則の監視に対する人権の方向性を明らかに反映している。とはいえ、この監視機関は、人権委員会ではなく国連社会開発委員会の援助のもとに設置された。

（訳注：伝統的な国際法である条約や国際慣習法をハードローと呼び、拘束力のある法規であるのに対し、ソフトローは、伝統的な国際法上の効力を否定されてきた国際法をさす。世界人権宣言はソフトローの典型と言われることから、理念規定の色彩の強い法規とも理解できる。最近はソフトローに対して効力を求める主張が出てきており、その典型が国連総会決議である。）

2　ハードロー的政策発展——一般的な人権文書のもとの保護

障害について活動するNGOは、以前にもまして、伝統的人権規範の解釈や実践、人権文書の立案に影響をおよぼすようになった。市民的及び政治的権利に関する国際規約や経済的、社会的及び文化的権利に関する国際規約で、障害は忘れ去られた分野であったが、現在では、これらの条約の解釈が障害への人権アプローチを支持するように変化した。市民的及び政治的権利に関する国際規約の一般的意見18（二五条）では平等の概念を取り扱っているが、人権における形式的平等の概念をはっきりと拒絶している。この意見では、平等な取り扱いは必ずしも同一な取り扱いではない、各国政府には差別を恒久化する条件を除去する手段を講じる義務があると断言している。

経済的社会的文化的権利委員会はもう一歩踏み込んだ動きをみせ、障害のある人に関して条約をどのように解釈し実践するかについて述べた一般的意見を採択した。一九九四年に委員会が採択した一般的意見5は、これまでの国連文書のなかで、障害に基づく差別を広範に定義づけた唯一の文書である。

「障害のある人々に対する法律上と事実上の差別には、長い歴史とさまざまな形態がある。教育上の機会を否定するなどの不愉快な差別から、物理的・社会的なバリアを課すことで生じる隔離や孤立などもっと『わかりにくい』形態の差別までの幅がある。条約を目的にした場合、『障害に基づいた差別』というのは障害に基づいたあらゆる区別や排除、制限あるいはひいき、適切な配慮の否定であり、経済的、社会的あるいは文化的権利の行使を無にするか損なわせる効果をもつものであると定義づけられる。」

この意見は差別禁止法を明確に要求している点で、障害への人権アプローチも強調している。

「過去および現在の差別を救済するために、あるいは未来の差別を抑止するためには、包括的障害差別禁止法がすべての政府にとって必要不可欠である。」

同様な流れとして、女性に対する差別撤廃委員会はその一般的勧告の中で、障害のある女性の地位についての具体的な情報を含むことを参加政府に要求し、他の個別テーマ勧告の中でも障害の課題を提起している。

子どもの権利条約などの、より最近の人権条約では、強力な人権アプローチを反映した、障害のある人々に関する具体的な条項が盛り込まれている。

3　新たな課題：障害に関する新たな国際条約に向けて

障害のある人々の人権を保障する法的拘束力をもつ法律がなかったことで、世界中の障害権利運動家や学者たちの、障害者に対する差別撤廃についての新たな条約の採択要求が促された。

新たな人権条約を採択することに各国政府は抵抗感を示しているというのが条約制定運動家たちの認識である。今ある人権条約の義務条項によって加盟国はすでに報告義務を負担に感じ、それを果たせないでいるため「条約疲労」の状態にある。

しかしながら、障害についての新たな条約を支持する意見は、最低六つに分類できる。第一に、新たな条約があれば法的拘束力のある規範が作り出され、障害差別を予防する行動を起こすことができる。対照的に、既存のさまざまな国際基準は、人権擁護という点では「歯のない虎」（訳注：絵に描いた餅と同義）よりは少しはましという程度でしかない。第二に、新しい条約があれば国連の人権部門や政府、他の組織からのさらなる注目や資源を集めるための合理的理由が提供できる。第三に、障害に関する条約があれば、障害のある人々の人権に具体的な内容をもたせることができるのに加えて、他と違っていいという権利などの、今まではあまり検証されてこなかった領域についての問題提起ができる。身体的な違いを発見し、適切に「治療する」ことなど、関連の生命倫理や生命医療の最近の発展に照らせば、違っていいという権利は、障害のある人々の平等権と同様根源的なものである。第四に、条約があれば、障害権利組織が国内および自国の政府に働きかける具体的な道具が手に入ることになる。第五に、条約によって地球規模で、障害権利運動が強力になり活動の活性化がはかれる。最後に、障害に関する条約の採択によって国連人権プログラムに正面から障害の課題を位置付けることができる。したがって、この一歩を踏み出せれば、障害というのは社会福祉の問題でなく人権の課題なのだという事実を強調することができる。

以上のような理由から、国連および加盟国そして障害権利組織は、障害のある人の人権を特化して取り扱う国際条約の採択への道を歩むべきである。障害のある人々の権利についての決議はこれまで、ジュネーブの国連人権委員会で上程されている。アイルランドがここ数年、それまでのフィリピンにかわって主な決議案提出国としての役割を担っている。二〇〇〇年三月から四月にかけての第五六回委員会においてはアイルランドが決議案を提出、国際条約草案化を要求した。関連する部分にはこう記されている。

「障害のある人々の効果的な権利の享受を向上させるために次にとるべき当然の手段として、社会開発委員会は緊急課題として、障害のある人の権利についての国際条約成立が望ましいかどうかを検討すべきであるし、そのような国際文書の形態や内容を検討するべきである。さらには、専門家パネル（国連・基準規則で設置された国連特別報告者を援助するため作られた）を含む関係加盟国からの意見を引き出すべきである。」

アイルランドはこの会議でかなりの支持を得たが、パラグラフ30の内容を損なうことなく決議を採択するには十分とは言えなかった。その夜、条約にかかわる部分については沈黙が保たれたまま、決議案は採択された。しかしながら、この決議案は二〇〇二年にふたたび議題としてとりあげられるだろう。また、アイルランドは、条約について問題提起し合意を得るためふたたび望むという意思を明らかにしている。

三 比較法にみられる改革の過程

過去一〇年にわたり、たくさんの国々で障害法が有意義な変化をとげた。国連加盟の一八九カ国のうち四〇カ国以上が今では、何らかの形で障害のある人々のための差別禁止を成立させた。これらの法律を比較分析するのはいくつかの理由から困難な試みであると言える。まず、これらの国各々が異なった歴史や経済的社会的背景をもっており、コモンローや大陸法にみられるように法制度も異なっている。コモンローの伝統は、判例や前例を基盤にし、司法の役割も大陸法と異なる。第二に、法研究の一分野としての障害法は、多くの国々でかなり最近になってから発展し、論文や障害法の研究もごくわずかしかない。これまでの比較研究の大部分はヨーロッパの国々を中心にしている。

1 枠組み：ADAと基準規則を世界的なモデル法として活用する

このような留保事項を考慮したうえでも、世界の障害差別禁止法に関するいくつかの意見をあげることができる。これらの法律は、一部八〇年代であったのを除き、ほとんどがこの一〇年の間に制定された。アメリカは例外的に早い時期、一九七三年にリハビリテーション法五〇四条を制定、これは、世界で最初の障害差別禁止法の一つとしてあげられる。一九九〇年の障害をもつアメリカ人法（ADA）は特に、他国の法律制定に多大な影響をおよぼしたため、アメリカ国内よりも国外への影響力の方が強大だったのではないかとつい言いたくなってしまうほどである。障害差別禁止法を促したもう一つの誘引は、一九九三年の国連・障害者の機会均等化に関する基準規則である。その規則15はこう記している。

「各国政府には、障害のある人の完全参加と平等という目標の達成手段として、法律的な根拠を確立する義務がある。各国政府は、障害のある人の権利に関する国内法の成立やその立法の継続的な評価における障害のある人の組織参画を確保しなければならない。障害のある人に関するどんな差別的な条項も撤廃されなければならない。国内立法において差別禁止の原則が破られたときの、適切な制裁措置も提供されなければならない。」

いくつかの国々における障害差別関連法の歴史が明らか

にしたのは、ADAや基準規則が国内法のモデルとしての役割を果たしてきたという点である。基準規則の法律的特長との関連からすれば、政府がまじめに受け止めればソフトローもこれだけの影響をおよぼすことができるという良い例を提供していて、非常に興味深い。複数の政府が障害を差別の課題として真剣に受け止めたのは各国障害運動の成果の証である。障害のある人のための差別禁止法は、世界の障害のある人と障害権利運動家の意志強固な努力の結果である。障害のある人は哀れみの法律ではなく人権法を要求した。したがって、国内と国際レベル両方のパラダイムシフトの起動力とも、体現化したものとも言えた。

2　軌跡：ヨーロッパにおける哀れみ法（Pity Law）としての障害法

差別禁止法以前の障害法はしばしば、障害の医学モデルを構築し恒久化させるのに貢献した。ヨーロッパ各国障害法の歴史をたどると、この点がわかりやすく説明できる。ヨーロッパでは国内レベルの近代障害法を三つの時期に分類できる。

第一期は第一次世界大戦後に始まった。ヨーロッパ諸国の大半で、障害のある戦争帰還者のための福祉法が導入された時期である。これらの福祉法は障害年金やリハビリテーション給付金、雇用割り当て（法定雇用率）制度などを通じて戦争帰還者に対する補償をするという社会の義務感を反映していた。

第二番目の時期は六〇年代に始まり、福祉法が帰還者のみならずすべての障害者に適応されるようになった。一部の国では特に障害児に焦点をあてた。これらの福祉法は広い範囲の障害のある人々を慈善の対象とした。障害のある戦争帰還者は依然として優遇されていたが（これは現在も続いている）、この障害法第二期では障害の原因には以前ほど注意が払われなかった。今や目標となっていたのは、原因がなんであれ、障害のある人をリハビリすることだった。特殊教育や医療・職業リハビリの給付制度、雇用割り当て（法定雇用率）制度や施設ケアサービスなどに関する法律が様々制定された。

第一期も二期も障害の医学モデルを反映していた。障害という医療上の問題によって、個人は社会一般に対応できず生活の主な活動のすべて、あるいはほとんどをうまくこなせなくなった。したがって障害者は福祉の給付を受ける。この時期、障害児は教育を受ける権利を与えられたが、障害児のための別な学校においてであった。障害者は医療・職業リハビリを、医療リハビリ専門家の管理下で受けた。したがって、障害者は何の権利もない状態からは一歩前進したが、与えられた権利は、排除と自己決定の喪失という代償をともなっていた。開かれた労働市場に障害者を統合するという目的を文言に明らかにしていた法律でさえ、医学モデルに基づいていた。雇用割り当て制度は、雇用者がある特定の割合（法定雇用率）の障害者を雇うことを義務付けたが、これは障害者がそのメリットに基づいて他と競争する能力がないとされていたからである。これらの伝統的な雇用割り当て制度は、今では自明の理かもしれないが、決して平等論に基づいていなかったし、現代の人種やジェンダーとの関連にみられるアファーマティブ・アクション（訳注：積極的差別解消措置。以下、そのままアファーマティブ・アクションとする）を機動させる制度的差別への理解にも根ざしていなかった。

したがって、最初の二期は障害の医学モデルを構築し、恒久化させるのに貢献した。法律上、障害者は哀れみ法の領域に押しやられることを通じて市民の地位を否定された。ドイツの事例がこの点を露わにする。一九九二年、フレンスバーグの地方裁判所は、ホテルで障害者に直面するという状況に陥った複数の健常の旅行者には、旅行経費の割引を受ける権利があるという判決を下した。二人の子どもがいる夫婦がドイツの旅行会社を通じてホテル宿泊を含む休日のパック旅行を申し込んだが、同じホテルに障害のある一〇人の旅行者が泊まっていたということを理由に訴訟を起こした。障害者を「他者（訳注：市民ではない者）」とする裁判所の見識がその事実説明からうかがえる。

「一週間のあいだ、当ホテルに一〇人の重度障害者のグループが宿泊していた。この中には車椅子につながれた人もいた。これらの障害者はホテルの食堂でみなと同じように食事をした。大部分はふつうの方法で食べることができず、口に入れようとしたものも、首にまきつけたよだれかけに落ちていた。道具を使って栄養をとっていて、その中には注射器のようなものもあった。これらの光景は見るもおぞましく、原告やその子どもらの安寧を奪った。原告らがこのような状況を避けられなかったのは、宿泊客共通の食事時間と食堂が物理的に言っても狭いという理由からだった。」

この裁判所は以下の事実認定をした。

「原告には旅行費用の割引を受ける権利がある。被告が提供したサービスは不適切であった。何事にも邪魔されるべきでない休暇がだいなしになった。原告とその子どもらは迷惑を被り、食事を楽しめなかった。食事のたび、小さなスペースで障害者を目の当たりにすることから逃れようがなかったため、被告は至極不快な気持ちになり、人間の苦しみがこんなにまでひどくなりうるということを心に刻まされた。このようなことは典型的な休暇で味わうべきものではない。平均的な休暇を楽しむ者は、可能な限り、このような経験を避けてしかるべきである。休暇を楽しむ者は不必要に無私の精神や高邁な倫理基準をもつべきではない。特に、ホテルで気分を損なわれずに食事ができるということは休暇時にはリラックスする経験である。ツアー企画の広告はこういった考えに調和しているものである。」

この判決はドイツではかなり厳しく批判されたが、ドイツの判例においてはそれほど例外的なものではなかった。障害者は市民としてではなく物としてみなされている。ドイツ旅行法のサービス保証違反の根拠にもなりうる、故障中のトイレやごみだらけの砂浜と同じように考えられているのである。健常者には障害者に直面しなくてよいという権利がある。国家社会主義体制のもと、障害者が排除・抹殺されてきたドイツの歴史（訳注：ナチス時代のT4計画＝障害者安楽死計画）が、もしかしたらこのような法律の認識に影響を及ぼしたのかもしれない。社会福祉や哀れみとしての障害の構築があるため、このような判例に人権の視点からかかわらないようになった。フレンスバーグ判決は障害者の人権を以下のように表現する。

「被告の視点とは相反して、障害者の人間としての尊厳は、割引によってサービス保障を許可したことによって失われたことにはならない。さらに、障害者の排除にあたるものは何もない。これらの法的手続きによって当該障害者は直接的にも間接的にも影響を受けたとは言えない。この判例は彼らの権利についてではなく、原告の休暇がだいなしにならざるを得なくさせたというリスクを負ったことに関する問いかけである。当該訴訟の却下によって障害者との不快な出会いがなかったことにはならないかわり、原告にのみ苦しみを負わせることになる。」

障害者の市民としての地位の否定は、必ずしも福祉立法の結果だけではない。福祉政策の根底にある、生まれながらの不利益や隔離というテーマが、障害者はともかくも人間として、社会の構成員として不平等で価値がないという信念を助長させている。広範な意味での社会福祉制度を支える経済手段をもつドイツのような豊かな国においてさえ、福祉アプローチが障害政策の権利に基づいた視点の発展を妨げつづけてきた。

障害関連法の第三期は九〇年代に始まった。ヨーロッパではこの時期、障害者のための反差別立法が整えられた。これらの新しい法律の数々とともに、障害者はついに完全な市民としての地位を獲得した。これは個人の欠損に焦点をあてることから社会的な排除の認識へとパラダイムがシフトしたからである。障害差別禁止立法の鍵は、障害のある人の排除と隔離が、欠損という事実から論理的に帰結するものでなく、障害についての誤まった考え方に基づいてされた政治選択の結果にすぎないという点である。これらの法律が成立したことで、差別が障害者の生活の主な障害物であることがついに認識された。これらは、障害者自身が自らの権利のために運動し、ロビー活動を展開したことで制定された初めての法律で、リハビリの専門家が「かたわ者」に最善だとして決めたからできたものではない。

ヨーロッパにおける障害差別関連法は、一朝一夕に成立したわけではない。むしろ、統合法とも呼ぶべきものが先に成立し、先駆的役割を果たした。国連・障害者の一〇年の間、つまり一九八〇年代、たくさんの国々が、統合とメインストリーミング、脱施設の法制化を進めた。スカンジナビア諸国は教育における障害児の統合に関しては傑出していた。イタリアは早くも一九七八年の精神医学改革法の発効によって施設解体運動の指導的役割を果たした。障害のある人の社会からの隔離・排除を糾弾するのにこれらの法律は大きな役割を果たしたが、差別こそが排除と周辺に追いやることの唯一主な理由であるとは確認しなかった。

3　差別禁止法の国際比較

我々が比較の対象とした法規は四二カ国におよぶ。差別と平等の範囲、概念について、誰が保護の対象なのか、どのように実効性をもたせるかなどについてもさまざまな内容となっている。障害に基づく差別を定義づけ、明確にそのような差別行為を禁止している法もあれば、何をもって差別とするかは裁判所や他の監視機関に委ねるとしている法もある。このような課題に対する直接的な答えは法律でなく規則で定められている場合が多い一方、もとの法律の文言と構成自体は、立法趣旨を明瞭に表しているようだ。また、差別禁止の文言が盛り込まれているとは言え、障害のある人の完全なる社会的平等や統合を目的とした施策とは言えないものを促進し、本質的には福祉法であるとの印象を与えている法律もある。

しかしながら、障害差別禁止法は、世界の障害政策において真に新しい発展であることを忘れてはならない。これらの法律は障害の医学モデルから社会モデルへという、ごく最近のパラダイムシフトを反映している。法律で、障害のある人を差別の部類として認めたというだけでも、障害のある人は問題のある存在でなく、権利をもつ人であるという認識をもたらした。ここにあげた差別禁止法のなかには、かなり強力なものもある一方、「絵に描いた餅」とうかがえるものもある。各国の障害団体は平等法のためにかなり一生懸命に闘ってきた。議員たちによって最終的に可決された法律には、一〇〇%、あるいは部分的にも満足しなかったかもしれない。アメリカの差別禁止法の歴史から我々が得る一つの教訓は、平等をめざす立法戦争はかなり長いものであるということである。そして差別に対する包括的な法律を最終的に成立させるまでには、二つ以上の法律が公布されるのはめずらしいことではない。一九六四年の公民権法で障害を盛り込もうとした最初の試みから一九九〇年のADAにいたるまで、数十年が過ぎた。その間、最低五つの連邦法が議会によって可決された。

a　広範で多様な法律上のアプローチ

何らかの形で障害差別禁止法のある国といっても、それぞれが異なる法律上のアプローチをとっている。障害者の保護のための差別禁止法制定は、①刑法、②憲法、③民法、④社会福祉法という四つのタイプに分けられる。

i　刑法を活用する

フランスとフィンランド、スペイン、ルクセンブルクは、刑法で障害者に対する差別を禁止している。スペインの法律は、障害のある労働者が仕事をする能力がある場合の採用や雇用関係においての、障害に基づく差別を禁止している。ルクセンブルクとフランスは、雇用と事業活動さらに、商品とサービスの提供において、障害に基づく差別は違法であるとしている。この場合の罰は、最高二年の禁固刑あるいは罰金である。フィンランドの刑法では、一般市民に対しての雇用関連の差別と商品とサービスの提供における差別を罰している。他の国のなかには、障害差別を禁止するのに民法あるいは社会法で対応していながら、広範な刑罰あるいは行政罰の側面をもつ懲罰を規定しているところもある。例えばオーストラリアの差別規定では、違法な差別あるいは嫌がらせの扇動は六カ月の禁固刑あるいは罰金を課される犯罪であるとしている。この法律の下で権利が行使できる人に被害をもたらした場合も、同様に犯罪とみなされる。香港の差別条例にも同様の規定がある。障害のある人に対しての憎しみやかなりの軽蔑、ひどいあざけりを扇動した場合、罰金か最高二年までの自由刑に処される。モーリシャスの法律では差別禁止法における特定の侵害に関して、自由刑あるいは行政上の罰金を課している。同様のことは、イスラエルやフィリピン、ザンビア、ジンバブエ各国の差別禁止法に関しても言える。
フィンランドとスペインはそれぞれの法律制度の他の領域で差別禁止条項を規定しているが、フランスとルクセンブルクは、障害に基づく差別を刑法で規制している点で特徴的である。これは、刑事罰とみなされた場合のみ、障害に基づく差別が禁じられるという意味である。ということは、加害者に悪意があって行動を起こしたとされなければならない。しかしながら、現実の障害に基づく差別は、しばしば最善の意図をもつ者によってひき起こされる。入り口のアクセスが整っていなかったからという理由で車椅子利用者にサービスを提供しなかったレストランは通常、障害のある人を意図的に排除しようとも、障害のある人に対して敵意をもっているわけでもない。あるいは自分自身を差別者とも認識していないだろう。統計に基づく証拠はないが、刑法における障害者への差別は、ほとんど証明されずじまいで、起訴されていないとうかがえる。

ii　憲法を活用する

憲法上で障害という文言を差別禁止条項に明確に盛り込んでいる国もいくつかある。オーストリア、ブラジル、カナダ、フィンランド、フィジー、ガンビア、ガーナ、ドイツ、マラウィ、ニュージーランド、南アフリカ、スイス、ウガンダである。これらの国々の憲法は通常、何がいった い差別なのか明確には定義付けずに、障害者に対する差別を（否定的な命令を通じて）禁止している。平等条項のなかに間接的、そして直接的な形態の差別について言及している国もある。フィジー憲法の平等条項はかなり広範囲にわたり、直接および間接的で公正さを欠く差別だけでなく以下のような文言を盛り込んでいる。

「すべての人は、禁じられている事由（とりわけ障害）に基づいた差別を受けることなく、小売店やホテル、賃貸住宅、レストランや公共の娯楽を目的とした場所、公共交通サービス、タクシーや公共性のある場所へのアクセスの権利を有している。」

オーストリア、ブラジル、カナダ、ドイツ、ガーナ、マラウィ、南アフリカ、スイスそしてウガンダの憲法は、立法府の議員に、障害差別と闘うためのアファーマティブ・アクションを講じる権限を委任している。アファーマティブ・アクションとは、割り当て制度や他の積極的差別解消の手段によって優先的な扱いをすることである。したがって、障害者の機会均等の障害になっている構造的差別を標的にしている。雇用の領域では、たくさんの国で障害者のための割り当て制度を導入している。これによって、雇用者は総労働者中一定数の障害者を雇わなければならない。

雇用割り当て制度はもともと、第二次世界大戦後に導入され、古典的な福祉措置として機能してきた。障害者は現実の世界では競争できないという考え方のもとに築かれたものである。人種やジェンダーとの関連で公民権運動が台頭するとともに、割り当て制度の政策は新たな平等関連の意味をもつようになった。これが次に障害の領域の割り当て制度の大系に影響を及ぼした。一部の国の憲法では、雇用の領域での割り当て制度を規定しているが、その一方で、政治参画の領域で同じ割り当て制度を規定しているところもあるのが興味深い。

例えば、マラウィの憲法では、立法府である上院に、ある特定の利益集団の代表が存在しなければならないと規定しており、そのなかには障害者も含まれている。同様にウガンダ憲法は、国会にある一定数の障害のある人がいなければならないと規定している。ウガンダの国会では五議席を障害者のために確保しており、初代障害（そして女性と高齢者担当）大臣、フローレンス・ナイガ・セカビロ氏は障害のある当事者である。憲法のアファーマティブ・アクション条項に基づいて、ウガンダの国会議員はこれまで公的な領域における障害者の参画増加を促す法案をいくつも可決させてきた。例えば一九九七年地方自治体法によって、すべての公選議席において、障害のある人のためにある一定数の議席を確保するようになった。その結果、地方自治から国政のすべてのレベルを含むと二〇〇〇議席が障害者によって占められている。もともとそうであったにせよ改正後にせよ、差別事由の中に障害を盛り込んだ憲法において、もう一つ興味深い特色は、手話使用の権利を多くの憲法が認めている点である。フィンランドや南アフリカ、カナダの憲法にはこのことを規定した条項がある。

憲法による差別禁止は、刑法よりも効果的のようである。ほとんどの国において憲法が最高の法規であるがゆえ、憲法条文や改正条項の方がより人々の注目を集め、下位法を違憲かつ無効にすることができる。憲法によって司法も拘束され、障害判例法の改革を導くこともできる。とはいえ、憲法における障害差別がなぜ限られた効果しか生んでいないのか。これにはいくつかの理由がある。

まず、法律制度いかんで、憲法上の権利が市民に実質的な権利を与えられない場合がある。つまり障害者自身が差別禁止条項を引き合いに裁判所に訴えることができないということである。第二に、憲法上の権利は公法（訳注：国や地方公共団体の権限または公益に関する法律の総称）あるいはいわゆるバーティカル・ロー（訳注：公権力に関する法）にしか適応されないと言う点である。つまり、障害者に対する国あるいは地方行政による差別は保護するが、民間の雇用主や民間の商品・サービス提供者による差別は対象外なのである。最後に、憲法条項は一般的で曖昧になりがちという点である。ニュージーランドという唯一の例外を除いては、障害と差別を明確に定義づけた憲法はない。これによって司法に裁量が委ねられ、その決定はその国の中で有力な法文化によって決定される。

例えば、公民権立法や公民権訴訟の歴史がないが、ドイツでは、連邦憲法裁判所によって、憲法上の差別禁止条項が「絵に描いた餅」とされてきた。一九九六年、車椅子を利用する少女が普通校入学を拒否され、訴訟を起こしたが、裁判所は学校が憲法上の差別禁止条項に違反はしていないと判断した。ドイツ連邦憲法裁判所による理由は、一五〇年前にアメリカ連邦最高裁が学校における人種に基づいた隔離を支持した理由を思い起こさせる。一八八六年のプレッシー対ファーガーソンのように、ドイツ裁判所は、障害児の隔離教育は分離すれども平等なりという理由から、差別ではないと判断したのである。この、プレッシー判例における、分離すれども平等なりの判決は一九五四年、ブラウン対トピカ教育委員会の画期的な判決によって覆された。ここで最高裁はついに分離された教育施設は本質的に不平等であるとした。しかしながらドイツ連邦憲法裁判所は、教育からの排除を障害者差別との関連で考慮することにかなりの抵抗を示したようだ。何の配慮や特別なサービスも必要としない障害のある生徒が普通校から拒否されるのは差別であるとみなす一方、スロープやエレベータ、手話通訳や代替的読書法、あるいはあらゆる特別な教育サービスを必要とする障害者にこの解釈を適応させるのは気が進まなかった。したがって障害の医学モデルが、このドイツにおける障害差別禁止条項に関する最初の判決で強化された。

憲法に差別禁止規定を盛り込むことの短所がこのようにあることから、憲法改正は実質的に効果をもたないという結論を導く可能性がある一方、アイルランドの事例は全く反対の結論を間接的に支持しているようである。一九三七年制定アイルランド憲法にある平等条項がかなり弱いものであるがため、一九九七年、アイルランド最高裁判所は、差別事由に障害を盛り込んだ二つの差別禁止法を無効と判断した。合理的配慮を要求する制定法は、雇用主の資産所有権を侵害している。したがって、二つの法律は、障害に関連する箇所を書き直して弱めることが求められた。このことから、強力な憲法上の平等条項がないことが、民法の差別禁止法を制定する障害になっているとしたら、強力な憲法の差別禁止規定が差別禁止制定法の重要かつ必要な基盤となるのではないかと思われる。

最後になるが、一九九七年カナダ最高裁判所の判決から私たちは、どちらかといえば曖昧な憲法上の平等条項の解釈が生んだ良い例をみることができる。エルドリッジ対ブリティッシュ・コロンビア州において、原告は、州政府がろうの患者に手話通訳を提供しなかったということから、ブリティッシュ・コロンビア最高裁判所において訴訟を起こした。ロビン・エルドリッジは、主治医と意思伝達を図れなかったし、ジョンとリンダ・ウォレンは医師や看護師たちが何を言っているのか完全に理解しないままに出産という試練に耐えなければならなかった。原告は、カナダ権利と自由憲章の平等条項(第一五項)に基づいて訴訟を組み立て、有効な意思伝達は医療サービスにおいて必要不可欠であるにもかかわらず、州立病院は手話通訳を提供しなかったと主張した。下級裁判所はこの主張を拒否したが、カナダ最高裁判所は、平等条項の侵害であると認めた。最高裁判所が、ある特定の集団は平等を享受するために配慮が必要であるという意味の平等条項の解釈をしたことによって、エルドリッジ裁判は、ともかく、一つの可能性を開くことはできた。差別を経験している障害者や他の集団が「法の下の平等な保護と利益」を享受するのを確保するために、政府は憲章の第一五条項にしたがい、前向きでかつ実質的な措置を講じなければならない、という可能性がみえたのである。しかしながら、判事のかなり励みになる付随的意見にもかかわらず、カナダ最高裁は、平等条項に基づいた積極的義務の課題にはふれないままでいる。

iii　民法上の差別禁止法制定

三番目のアプローチは、民法において障害のある人に対する差別を禁止する法律を制定することである。このアプローチをとっている国の数は多く、今後もその数は増えると思われる。公民権指向の差別禁止法のある国はオーストラリア、カナダ、チリ、コスタリカ、エチオピア、ガーナ、グァテマラ、香港、ハンガリー、インド、アイルランド、イスラエル、韓国、マダガスカル、モーリシャス、ナミビア、ナイジェリア、フィリピン、南アフリカ、スペイン、スリランカ、スウェーデン、イギリス、アメリカ、ザンビア、そしてジンバブエである。チリ以外は、すべて雇用関連の障害者差別を禁止している。なかには労働法であるがため障害者に対する雇用上の差別しか禁止していないのもある。他にどのような領域を適応範囲としているかは、国によってかなり違いがある。最も包括的な障害者差別禁止法はオーストラリア、カナダ、香港、フィリピン、イギリス、そしてアメリカである。

一九九二年オーストラリア障害差別法は、就労や住居、教育、土地所有、物品とサービスの提供、家屋やクラブ（同好会）、スポーツや他の施設の利用における差別を禁止している。一九八五年カナダ人権法は商品やサービスの提供や施設、一般が利用する設備（交通も含む）での差別を禁止している。さらに、雇用と商業用の土地あるいは住居提供における差別も禁止している。一九九五年香港障害差別条例は雇用、教育、家屋、商品、サービス、一般用施設、法廷、クラブ（同好会）、スポーツ、政府活動を適応範囲としている。一九九二年フィリピン障害者大憲章は雇用、交通、公共性のある設備、そして商品、サービスを対象としている。一九九五年英国障害差別法は雇用、商品提供、施設、サービス、そしてある一定程度までは教育と公共交通機関における差別を禁止している。最後に、一九九〇年障害をもつアメリカ人法は雇用、州政府と地方自治体の活動（教育、交通、社会サービスなども含む）、公共性のある施設（一般が利用する商品とサービス）、そしてテレコミュニケーションにおける差別を禁止している。

その他の国の民法も、範囲はかなり広く、広範な生活活動に焦点が向けられている。しかし、差別禁止条項すべてが法律の適応範囲を明記していたわけではなかった。例えば一九九六年コスタリカ障害者均等機会法は、教育、雇用、公共交通機関、公共サービス、情報、コミュニケーション、文化、スポーツ、娯楽活動のアクセスについての立法ではあったが、差別を明確に禁止していたのは雇用と公衆衛生に関するサービス、文化、娯楽活動の参加についてのみだった。

一九九五年障害をもつインド人（均等機会、権利と完全参加）法は他の差別禁止法に比べて禁止条項は弱いものであるが、そのかわり、さまざまな領域での割り当て制度を要求している。差別禁止条項は交通、道路、建築物、そして政府雇用（採用過程は除く）を扱っている。しかしながら障害者のアクセス義務化は「経済的能力と発展の限界の範囲」のみにてとなっており、この法律をくぐり抜けやすいものにしている。三パーセントの割り当てという制度は政府の雇用、政府援助を受ける教育機関、貧困解決策に適用されている。政府雇用割り当て制度では、特定の障害、特に視覚、聴覚、身体障害のある人に一パーセントの雇用を確保している。この法律の興味深い点は政府雇用で三パーセントに満たなかった場合は翌年に持ち越されるということである。理論上、割り当て義務を避けてきたすべての政府機関は障害者を雇うか昇進させるしかないということになる。他のたくさんの国でも、雇用、特に公務員雇用の領域で割り当て制度を設けている。それでも、「三　比較法にみられる改革の過程」の「2　軌跡」においてヨーロッパ障害法の比較が示すように、雇用割り当て制度はこれまで長い歴史をもっており、必ずしも差別禁止原則に適合しない。

刑法や憲法上で差別を禁止するのに比べて、民法の差別禁止法は法律の適応範囲についてより明確で具体的である。大半は何が差別的な行為で、平等なのか定義を明確にしている。さらにすべての民法差別禁止法は施行についての条項も盛り込んでいる。差別と平等の概念そしてさまざまな施行のメカニズムについて後に、論考を加えた。

iv　社会福祉法と障害

最後になるが、障害差別について、伝統的な障害者社会福祉法の制定というアプローチをとっている国をあげる。ボリビア、中国、コスタリカ、フィンランド、韓国、ニカラグア、パナマそしてスペインである。

これらの法律では、差別禁止条項は、より伝統的と言える障害予防やリハビリテーション条項にならんで規定されている。例外は一九九二年フィンランド患者の地位と権利法で、すべてのフィンランド居住者は差別を受けることなく医療と社会サービスを受ける権利があると規定している。これらの法律は権利に基づいた差別禁止というよりも、社会サービスと統合原則の立法化と施行に焦点をあてている。社会福祉法における差別禁止条項は一般に曖昧であるか、あるいは、公雇用か公教育というように適応範囲がごく限られている場合が多い。スペイン障害者社会統合法（一九八二年）はその典型で、障害の予防、診断、評価や現金給付、現物給付、医療・職業リハビリテーション、地域サービス、就労の統合などを取り扱っている。この法律における唯一の差別禁止条項は、就業規則や、集団合意、個人契約あるいは片務的決定において障害に基づく差別が見受けられた場合、無効になるというものである。

一九九〇年中華人民共和国障害者保護法では障害者に対する差別を一般的に禁止している。が、いったいそれでどのように社会が構築されるのかという点で何を意味するのか、具体化していない。法文を読むと、伝統的かつ医学モデル的障害の理解、例えば施設収容と隔離が全体の骨格をなしている。例えば二九条は障害者のための「集中雇用」を指導原理としている。これは特殊な社会福祉事業や設備においての雇用機会提供を意味している。これらの特殊な環境を前提に採用、雇用、昇進、役職の付与、給与、福利厚生や他の雇用関連事項における差別が禁止されている。全体の法文の中で、これが唯一の具体的な差別禁止条項であるとすると、この法律は、どちらかといえばかなり特殊かつ限定的な平等概念を示唆している。この法律の医学モデル的考え方は、障害者の義務についての条項からもうかがえる。一〇条によると中国の障害者は「楽観的精神および進取の気性を披露しなければならない」としている。これは障害に対する否定的な態度と障害は憂鬱なものであるという考えを暗黙のうちに恒久化している。

フィリピンのような国では、社会福祉法と公民権法双方の特色がみられる法律を制定している。しかしながらフィリピン大憲章は障害の医学モデルから人権モデルへの変換という立法趣旨を明らかにしている。第一編第一章二項bは「障害者の権利は政府の社会福祉サービスとしてみなされるべきではない」と明記している。

アメリカの障害差別法の歴史をみると、国家による障害差別禁止条項はしばしば社会福祉立法から始まったことがわかる。最初はこの領域から障害法が発展した。アメリカは最初一九七三年のリハビリテーション法で、障害者に対するある特定の形態の差別を禁止した。有名な五〇四条は、連邦政府から補助金を受け取っている機関あるいはすべての連邦機関によって運営されている機関は「本来有資格の」障害者に対して差別してはならないとしている。一九八八年の公正住宅法は、住居関連の事柄における差別を禁止し、アメリカの一般公民権法の伝統において、障害を差別事由の中に入れた第一歩となった。最終的なステップは一九九〇年のＡＤＡ採択であった。同様の道をたどったのはコスタリカとスペインで、両国は公民権法と社会福祉法の両方において差別禁止法を制定した。

つまるところ、社会福祉法の差別禁止条項は公民権法に比べて包括的でなく、矯正指向である。障害の医学モデルから人権モデルへのパラダイムシフトは、このタイプの立法ではより不明瞭である。

b　保護対象の集団：障害特化のアプローチあるいは集団横断的アプローチ

一部の国では、障害のある人のための差別禁止法を、複数の集団の平等を求める法律の一部としているが、他の国では、障害だけを取り扱っている。集団法アプローチでは、歴史的に差別の対象となってきた女性や同性愛者、子ども、高齢者、そして言語・宗教における少数派など他の少数派も保護している。ガーナを除いて憲法上で差別を禁止している国では、障害のほかに他の集団も保護している。雇用法や刑法についても同様のことが言える。公民権法や社会法として立案された障害差別法は障害のある人のみを対象にしている場合が多い。

現在障害のある人を保護するだけでなく、過去に障害のあった人を保護している法律（オーストラリア、カナダの人権法、香港、ニュージーランド、フィリピン、イギリス、そしてアメリカ）もあれば、将来そうなる可能性をもつ人を保護する法律（オーストラリア、香港、スウェーデン）、あるいは障害者とみなされている人を保護する法律（オーストラリア、香港、ニュージーランド、フィリピン、アメリカ）もある。さらに、障害者の家族や他の関係者を保護している法律（オーストラリア、香港、ニュージーランド、フィリピン、アメリカ）や差別について申し立てをしたあるいは、差別禁止の権利を行使したという理由で被害にあった人を保護する法律（オーストラリア、カナダ、ニュージーランド、イギリス）もある。

公民権法や社会法としてあげられる法律の大半は障害を定義づけている。身体上あるいは精神上の損傷がなんらかの著しい機能の限界をもたらしているという定義をしている点で、この定義は一般に医療指向であると言える。

c 平等と差別の多様性

ここで比較を試みた障害差別法の根底にある概念はかなり多様である。障害者が障害のない文化と社会に完全に適応するという条件を満たして初めて平等な扱いが保障されるとしている点から、形式的平等を支持している法律もある。ドイツの教育事例にみられるように、憲法上で差別禁止を明示している国の一部は、このような考え方をもっているように見受けられる。

障害というファクターによって、差別もある状況では正当化されると明記している法律の背後にも、この形式的平等の概念がある。例えば一九九二年のナミビア労働法では、障害者が仕事をできなければ、障害を理由に差別されたとみなすべきではないと規定している。一九九二年ジンバブエ障害者法では、障害は雇用差別の合法的な弁解とし、「当該障害者の安全を守る純粋な懸念を動機としているのであれば」、公共サービスや設備利用の拒否も許されるとしている。

韓国の特殊教育推進法は一九九四年に改正され、すべての学校における障害のある生徒に対する差別を禁止、ただし、特殊学校の校長は「障害の種類と程度に基づいて障害のある子どもの入学試験と学校教育に適切な便宜をはかるために適切な措置を講じなければならない」としている。したがって普通校の校長の、障害のある生徒が学校教育を受けられないあるいは「便利に」入学試験を受けられないという差別的な不作為に対する責任は暗に限定されているのである。

しかしながら、ここで比較を試みた法律の約四分の一は、構造的平等という考え方に依拠している。したがって、障害のある人のための真の機会均等保障には、社会が責任をもって変わらなければならないと明記している。この観点から、鍵となる言葉は、適切な配慮、あるいは適切な調整で、これはすべての雇用主やサービス提供者、政府あるいは他の差別禁止を義務付けられている機関が取り組まなければならないことである。オーストラリア、カナダ、香港、ハンガリー、アイルランド、イスラエル、ニュージーランド、フィリピン、スウェーデン、イギリス、アメリカそしてジンバブエ。これらの国の法律では、各々の適応範囲すべてに対してではないが、この文言が規定されている。

もう一つ、差別禁止法の根幹をなす構造上の平等が表されているのが、アファーマティブ・アクション規定の存在である。というのも、この規定は一般に、真の平等を達成するのには積極的な行動を起こさなければならないという理解に基づいているからである。

大半の差別禁止法は雇用差別に焦点をあてている。これは、少数派集団に関連する差別法が最初この領域から着手されたことに由来する。例えば人種とジェンダーに関連する差別禁止法は最初、雇用領域で適応された。したがって障害者が同じ軌跡をたどったのもなるほどと思える。しかしながら我々は、雇用上の権利は経済的、社会的そして文化的権利領域に分類されていることを思い起こさなければならない。これは伝統的には障害に関連するとされてきた権利であるが、市民的、政治的権利は障害政策では無視されてきた。であるならば、ここで検討されている法律の一部が、障害のある人の市民的、政治的権利をかなりはっきり明記しているということは、ますます注目に値すると思われる。その他の法律は市民的、政治的権利を明記しているわけではないが、公共の建物やサービス、施設の利用を確保するという側面で差別禁止を規定している。

ある差別禁止法を支える概念が何であるかは、その法律が障害者差別をどう定義しているか（もし定義があればの話であるが）、また、その適応範囲をどう規定しているかということから判断できる。適応範囲に関してはすでに述べたので、ここでは、比較対象となっている法律の約半分に制定されている差別の定義についてふれたい。

対象法律の過半数は、差別を障害に基づく不利な取り扱いとしているが、一部は、正当とされない区別を差別としている。直接差別と間接差別を区別している法律もあり、後者は一般に、障害者が通常遵守するのが非常に難しいであろう要求をし、条件をつけることをさす。構造上の平等における前述の重要な言葉（訳注・適切な配慮）は一二の法律で使われ、「適切な配慮の拒否」そのものが差別であるとしている。興味深いことに、公共の場所や建物、公共交通のアクセスを要求する条項があっても、アクセスのないことは差別であるとしていない差別禁止法もある。その結果、アクセスは社会福祉サービスとしてではあるが、個人の権利としては認められていない。

嫌がらせや処罰化を差別として禁止している法律もある。カナダの人権法はさらに差別的なマスコミ報道、出版、憎悪のメッセージを禁止している。さらに興味深いのは、かなり多くの法律が、障害のある人に対する搾取や虐待について問題提起をしている点である。

障害のある生徒の隔離教育という原則を実質的に支持する法律が少数にしろ存在している一方、分離教育は本質的に不平等で古典的な障害差別であると明記している法律は少数派でしかない。

最も包括的な障害差別の定義が盛り込まれているのは、オーストラリア、カナダ、香港、ニュージーランド、フィリピン、イギリス、そしてアメリカである。これらの法律では、雇用、公共性のある施設、商品・サービスなど適応範囲すべてにわたって差別を定義づけている。各領域において、差別的とされる行為のリストをあげ、参加の否定や不平等な条件下での参加許可、健常者とは切り離した利益の提供などの側面も具体的かつ明確に表している。障害というファクター以外にも、介助犬や手話通訳などの補助手段の利用に関しても、差別的取り扱いの理由として明確に規定している法律もある（例：オーストラリア、香港）。

d　変化に富んだ実効のメカニズム

法律の施行は通常、行政と司法両者に課せられた仕事であると言える。人権法や差別禁止法などの法律のように社会をある一定程度まで変容させることを要求している場合は、通例、実効のための特別な組織をつくる。人権委員会や機会均等委員会の場合もあるし、オンブズパーソンや、審議会、あるいは行政機関の場合もある。本稿の対象となっている法律のなかでは、民法と社会法のみが、法律の施行あるいは監視についての規定を設けている。

したがってオーストラリア障害差別法のもとでは、人権機会均等委員会と障害差別委員会が設けられている。カナダの人権法は人権委員会と人権裁判所によって施行が促されている。イスラエルの、障害のある人の平等権法は、さまざまな省庁に施行をゆだね、さらに平等権委員会を設けている。イギリスは障害差別法監視機関として、障害権利委員会を設けている。

かなりの数の法律が、障害組織の代表に法律の監視を委ねている。例えば中国の中華人民共和国障害者保護法では、中国障害者連合を設け、国内の障害者の権利と権益を代表する責任を委ねている。ハンガリーの差別法では国家障害問題協議会を設けているが、この中には障害団体の代表者参画が義務付けられている。インドの法律では、かなり詳細な、多層にわたる立案と監視の機構が設けられている。まず中央調整委員会が障害のある人のための主任委員長のもとにあり、さらに数州の調整委員会が、そのレベルの障害関連事項を取り扱う。この法律はまた、委員の特定数が障害者によって占められなければならないとしている。ナイジェリアの法律では障害のある人国家委員会を設け、委員長は障害者でなければならない。さらに委員も、主だった障害団体からの代表が参画しなければならない。同様に、ガーナ障害者法も国家障害者協議会を設け、委員の六人が障害団体の代表でなければならないとしている。ジンバブエの法律では障害評議委員会を設け、委員の過半数以上が障害団体の代表者でなければならないとしている。同様の義務づけは、ジンバブエ差別法の施行機関であるジンバブエ障害者機関についてもされている。

これらの監視機関の機能は多岐にわたる。政府に対する助言提供や情報収集から、一般を対象とした意識啓発、さらに立ち入り調査、訴訟提起までさまざまである。ジンバブエの障害評議委員会とジンバブエ障害者機関の義務規定では「調整命令」を設け、これにより障害のある人へのアクセスを敷地内やサービスにおいて提供しなかった所有者に対して、具体的な行動を起こすことを要求している。

e　比較法の傾向についての結論

世界の障害差別禁止法は、変化にとんだアプローチをとっていると言えよう。憲法、刑法、民法あるいは社会法で、障害者の権利は擁護されている。我々の考察からは、障害に基づく差別を予防し、保護する最も包括的なアプローチは、公民権法である。しかしながら、我々が試みたこれらの法律の評価は、基本的には法律の文言比較であることを忘れてはならない。また、ここで分析、あるいはとりあげた事例からも、差別禁止法の影響力は、各国がこの問題にどれほど取り組もうとしているか、さらには司法がどう解釈するかによってかなり違ってくることがわかる。

現在のところ、障害に基づく差別に関する全世界共通の定義や、障害者の機会均等が実際何を意味するのかについての共通の概念は確立されていない。正当化されない区別から、直接的あるいは間接的な好ましくない取り扱い、さらには詳細な差別行為規定まで、その内容は多岐にわたっている。しかしながら、ここで結論として指摘できるのは、近代の障害差別法は概して、隔離廃止、施設解体、合理的配慮の原則に基づいており、これらが一体となって明白な差別と構造上の差別の両方を積極的に撤廃しようとしている点である。強力な差別の定義だけでなく、明白かつ効果的な法律実効のメカニズム、しかも障害者の団体や個人が主要な役割を果たすものが、法律にきちんと盛り込まれるべきである。

障害者の生活条件や社会統合を改善するための障害法すべてをここで分析したわけではない。障害のある人の地域生活や社会生活統合の向上に効果をあげた法律をもつ国は、他にもたくさんある。例えば、多くの建築物関連法では、一般利用対象の建築物は障害者がアクセスしやすいように設計されなければならないとしている。教育法はしばしば、教育方針の根幹をなす原則として、統合教育をあげている。スカンジナビア諸国では、社会福祉法で障害のある人の最低所得を保障し、これによって経済自立を促している。他にも障害者の自立生活を明確に制定している強力な法律をもつ国もある。

一九八七年フィンランド障害者サービスと援助法は、国内の重度障害者に交通や住宅、通訳サービス、そして一定程度の介助サービスの権利を付与している点で注目に値する。この法律の主な目的は、障害者が他の人々と対等な社会の独立した構成員として暮らせるようにすることであるのため、障害者平等法とも呼ばれている。しかしながら、これらの障害法は、差別禁止法の概念にあてはまらないため本稿における比較の対象にはしなかった。これらの法律も障害者の均等機会をめざしているが、アクセスのないことや、隔離、自立生活の否定を差別の形態として禁止してはいない。差別禁止法は、障害のある人の平等実現のための唯一の道のりではないことを忘れてはならないが、権利に基づいたアプローチは、今日、世界の多くの国で活用されている最も卓越した手法の一つであり、本稿の比較対象としている。

障害のある人のための差別禁止法を世界的視野で検討したことから、希望と懸念の両方が生まれた。懸念というのは、差別禁止の文言がすべて実際に、障害者の平等な権利を実現、あるいはめざしているわけでないということである。各国のそして国際的な障害団体は、政策立案者が根本的には医学モデルの障害者政策に固執しているのに、差別禁止の文言を体裁のいい口実として使っていないかどうか、厳しく監視すべきである。しかし、世界のあちこちで差別禁止法が増えているという明白な証拠はある。その事実とともに、障害のある人は真の希望を抱くことができる。最終的に、障害政策は、人権と構造的平等という理想を実現するという希望である。

第二部　事例研究：地域法を変化の触媒として活用する――「障害をもつヨーロッパ人法」に向けて

第二部では、世界比較からヨーロッパ地域での主な人権・差別禁止発展の経過に視点を移し、とりわけ、障害をもつヨーロッパ人法の採択が現実にあり得るのかを検討してみたい。ここで障害をもつヨーロッパ人法というのは、障害をもつアメリカ人法（ADA）と同様の深みと広範な適応対象をもつ法律をさす。

第二次世界大戦直後、ヨーロッパでは、異なるが、互いに補完的機能をもつ二つの機構が設立された。欧州評議会（Council of Europe　一九四九年）と欧州経済共同体（EEC、一九五七年）、あるいは現在、欧州連合（EU）として知られる機構である。両機構とも公式の権限内で障害の課題を取り扱えるようになった。

実際、両機構とも、過去数十年、とりわけ一九九〇年代以降、障害法には積極的に興味を示してきた。一九九〇年のADAの大きな特色は、社会福祉モデルから権利モデルへのパラダイムシフトだが、これは一九九三年の国連・障害者の機会均等化に関する基準規則（以下、基準規則）においても承認され、この十年、ヨーロッパ各国および全域にかかわる政策でも目立った。

欧州評議会がこの領域の新たな改革の着想を生んだことは、さして驚きではない。というのもこの機構はもともと、人権の向上と保護をその存在理由としていたからである。一方、欧州連合がこの問題にかかわっていることは最初、ある種の驚きをもって受け止められる。なぜならこの機構は、加盟国の国内市場も共有する、国際的な市場確立の成功（あるいはその実現に向けて没頭してきたこと）で有名だからである。それにもかかわらず障害に対し新たに興味を抱いていることに大きな意義がある。障害に対する新たな発想にオープンであることは、欧州連合が、先進市場経済の「生産的要因」の一つとして、適切に調整された平等戦略をみなす傾向からも説明がつく。この市場優先原理がADA制定の背後における強力な原動力だったことを想起させられる。

純粋な法律論の立場から言えば、欧州評議会より欧州連合の方が、より強力な法律という武器を裁量で使いこなせる立場にあり、かなり重要な位置を占めている。実際、欧州連合ならADAと同様の深みと適応対象をもつ、障害をもつヨーロッパ人法を制定することは可能であろう。以下からもわかるように、包括的な立法措置へ向けた第一歩は、すでにブリュッセルで踏み出されている。

欧州評議会と欧州連合が関連する法律や政策の両者は、

各加盟国内の変化のパターンを反映すると同時に、ヨーロッパ全域の改革の過程を進める助けとなっている。この過程に命を吹き込んでいる主な価値観は、平等と差別禁止という一般的概念だが、両機構の法律や政策のイニシアチブにおいて、この課題が具体的にどう反映されたかは、両機構を長い間監視してきた人たちからみても、かなり当惑を覚える内容だと言わざるを得ない。それでもなお、このイニシアチブを以下のテーマに分類することができる。

まず、この改革の過程は人間の尊厳を尊重することを目的とし、個人の、特にもっとも傷つきやすい状況におかれた個人の可視性（visibility　訳注：社会で見える存在となること）の復権をめざしている。このテーマに沿った良い例としてあげられるのは、ヨーロッパで進行している精神保健法の改革である。法の支配と法的保護から得られる利益を、強制的に拘留された人たちのために拡大することで、人間の可視性を回復させようとしている。病院に収容されている人たちの状況についても、治療についての適切な権利の確保や当事者の尊厳を損ねるような特定の形態の治療を禁止することを通じ、同様の注目が向けられている。このような動きの根底にあるのは、人間の価値の平等という倫理観で、これが、すべての人々の平等な可視性を復権することにささげた政策を自然に導いている。欧州評議会はこの点で指導的な役割を担っていると言えよう。

第二に、この改革の過程によって、自らの権利や興味を擁護することができない人々や臨機応変な法的対応が必要な人々の権利についての認識が新たにされている。現在ヨーロッパ全土で進行中の後見法の急進的改革がその良い例と言える。欧州議会（欧州連合の一機関）は過去、この領域について積極的な関心を示していたが、欧州評議会が法律改革に拍車をかける指導的役割を果たしてきた。平等という戦略がなければこれらの一つとして実現しなかったろう。

第三に、生活のあらゆる側面はすべての人々に対して真に平等な条件で開かれていなければならないという、平等な市民権が内包する最も重要な意味がしだいに受け入れられているという事実が、この改革を支えてきた。自らの生活のコントロールを取り戻すことや自ら決めた条件であらゆる場面に参画すること、これらを助けるための機会均等と差別禁止の法律制定やプログラム策定を目的とした広範な運動が、その良い例である。これは教育や雇用、交通、電気通信における個別法の制定の広がりにもつながった。欧州評議会と欧州連合の双方が、改革の中でも特にこの側面に積極的な興味を示している。欧州連合は、反差別の権利（関連する合理的な配慮の概念も含めて）を保障する法律を、重要な雇用の文脈で採択する用意を整えている。

第四に、これまで社会問題の枠組みでとらえられていた経済的・社会的プログラムが、参画と選択を促進させる方向に導けば解決策の一部になりうるという認識を、改革の過程がもたらしている。この自覚は、現在進行中のヨーロッパ社会モデル改革にも反映されており、特に欧州連合に広まっている。アメリカの立法関係者が、形式上の自由でなく、社会支援によって真の自由をつくり出せねばならないとの自覚を抱きつつあるように、ヨーロッパの政策立案者は、人々を解放し、その公民権を確保することに密接なつながりをもたなければ、社会による保護も目的を失うようなものであると認識し始めている。

以下、機会均等と差別禁止モデルが欧州評議会と欧州連合の障害政策にどのように反映されていったか説明を加える。両機構が関連する法律と政策を検討した後、いくつかの分析とともに、障害をもつヨーロッパ人法制定の可能性について評価を加える。

一　欧州評議会と障害

1　背景：欧州評議会の法的枠組みと政策文書

欧州評議会は一九四九年に設立され、欧州連合より歴史が長い。また加盟国の数も多く四一である。障害関連の活動範囲で重要なのは、東ヨーロッパの大半が加盟国になっている点で、一番最近ではグルジアが加盟した。アメリカ、カナダ、メキシコが協議資格をもっている。

欧州評議会の主要な目的は設立規定第一条にこう記されている。

「a　共通の財産である理想と原則を防衛し、現実化させ、経済的社会的発展を促進させるという目的のために加盟国間でよりすばらしい協調をうみだすため……」

この目的は、評議会の組織の、以下の行動を通じて達成される。

「b　共通の懸念についての議論と、経済的、社会的、文化的、科学的、法的そして行政にかかわる事柄についてまたは、人権と基本的人権の維持と現実化に関して合意形成することや共通の行動を起こすこと」

欧州評議会の根本哲学は、国家が全体主義に傾いてヨーロッパ諸国間の衝突を繰り返さないようにすることである。このために評議会はこれまで、ヨーロッパ全土を通じ、高い（統一されたものではないにしても）人権水準を保つことに力点を置いてきた。

法的には、評議会は古典的な政府間機関である。つまり、国家が自ら望まない限り、国に対しての権力を行使することはできない。政府間という考え方は評議会の組織に反映されている。唯一主要な政治的組織は閣僚委員会で、これは六カ月ごとに統括者が交代する。評議会には（常駐の国際公務員による）事務局があり、事務総長（現在はオーストリアのウォルター・シュウィマー氏）が統括している。

評議会には議員総会（以前は協議総会と呼ばれていた）があり、メンバーは加盟国の国会の議席数に比例して決められる。この総会は時々、重要な障害問題を議論する。

安全保障問題は設立規定の第一条dではっきりと対象外として除外されているが、評議会の権能はかなり幅広い。評議会の性質に調和し、その文書は政府間という性質を維持している。その裁量のなかで最も重要な法規は、加盟国が調印する協定と、法的拘束力のある条約の採択である。協定のなかには、非加盟国に調印を許しているものもある。これまで、国境を越えたテレビからインサイダー貿易まで、かなり広い人権の課題をカバーした最低一一七の条約が決定された。どの条約も障害に関しては、障害差別も含めて、直接あるいは間接的に、関連性をもっているが、なかでも一番重要なのは世界的に有名な、欧州人権条約（ＥＣＨＲ）である。

閣僚委員会はまた、加盟国政府に対する勧告を採択することもできる。このような勧告は法的には拘束力がないかもしれないが、強大な影響力をもちうる。ときには欧州人権裁判所の主要判例が勧告採択のインスピレーションともなる。しばしばこのような判例はヨーロッパの法律間の大きな格差を露わにし、統一の法改革によって効果的に問題提起される。後に紹介するように、精神保健の主要な判例のいくつかが重要な勧告を導いてきた。勧告採択はしばしば、一見逸脱し、方向転換しているとみえる自発的な改革に促され、ストラスブール（訳注：人権裁判所）に対して概念的な舵取りも要求する。

最後に、欧州評議会は、当惑するほどたくさんの政府間活動を主催し、かなり広範な課題についての議論の場を提供している。評議会の範囲内で議題がおさまらないとき、あるいはごく少数の加盟国しかある特定の政策を実行していないときでも、評議会は議論を促進し、部分的合意とよばれるものによってしめくくる。この部分合意に基づいて、合意目的の加盟国は評議会の機構を活用している。その一例として、社会公衆衛生領域の部分合意があり、（障害に基づく差別を含む）多くの障害関連事項が議論され、学習された。障害のある人のリハビリテーションと統合についても、委員会が活動の舵取りを行っている（CD-P-RR）。

欧州評議会が冷戦終結後、自己に対する理解を見直したのは興味深い事実である。もはや「民主主義の同好会」として自己をみつめるのでなく「民主主義の学校」として行動することを強いられた。特に、これは旧ソビエト圏からの加盟国に関連する。ベルリンの壁崩壊は、旧共産主義圏からの新たな民主主義の台頭を導いた。政治的な緊急事態から生まれた新しい議会の承認という課題をかかえ、評議会は役割の変化に気付いた。政策の基準を要求するだけでなく、基準を推進することや、新しい体制の民主化を積極的に促進することを自分たちが要求されるようになった。これらの目標達成のため、評議会はＡＤＡＣＳプログラムのような新たな法規と機関を手に入れた。

ＡＤＡＣＳは民主的安定の発展と統合の略称である。現在のプログラムのなかにはDemosthenes（政策立案者の訓練を通じての制度構築）、Themis（司法の訓練）そしてLode（地域の民主主義発展）がある。二〇〇〇年の社会結合に関するＡＤＡＣＳプログラムは障害関連のプロジェクトをいくつか支援した。興味深いことにそのうちの一つは、ボスニアで障害権利法草案をつくる担当者を育成することに関係していた。ロシアでの障害のある子どもの施設解体プログラムもあった。奇妙にも、最近の欧州評議会社会結合戦略には、障害が触れられていないようである。

欧州評議会の冷戦後のその他の活動としては、ベニス法律民主主義委員会、人権委員会事務所、そして各加盟国の人権状況を監視するシステムの事務局内設置などがあげられる。これらの機構のすべてが障害分野に関心を抱いている。

政府間という性質からも、今までこれらの議論の場には、非政府機関（ＮＧＯ）あるいはＩＮＧＯ（ヨーロッパ各国にまたがって活動する国際非政府機関）はかかわってこなかった。しかしながら最近、機会均等という哲学の影響もあり、評議会は積極的に障害関係のＮＧＯに意見を求めているということも付け加えておく。

2　欧州評議会における障害関連条約

欧州評議会は、これまで、差別されない権利を含めて、人権を保護する様々な条約を採択してきた。そのほとんどが直接的・間接的に障害に関係している。

a　障害と欧州会議：欧州人権条約（ＥＣＨＲ、一九五〇年）

ヨーロッパのこの条約は、国連の市民的及び政治的権利に関する国際規約に相当する。この条約はこれらの権利を最大限かつ具体的にリスト化し、そして、――同等に重要なのは――欧州人権裁判所という司法による実効の過程を具体化している点である。一九九四年まで、欧州人権委員会がこの裁判所を補助し、一九九四年、第一一議定書がこの委員会のその機能を解消させた。けれども今までの判例は、この裁判所のもとで今も有効である。本質的にこの裁判所は、各国の司法制度に取って代わるのでなく、補完することを意図している司法監視の「外部制度」である。各国の司法制度はいぜんとして最上位にある。

欧州人権裁判所の手続きは、国内の最終的な司法決定後六週間内に開始されなければならない。判決は許容性（訳注：証拠能力、証拠の許容性＝証拠として事実認定に使うことが許される条件の意味）と、それから請求の実体に基づいて下される。それ以前と逆の判決は閣僚委員会によって政治的に「施行される」。この委員会は執行を監督する。

障害に関する同裁判所の判例において、ECHRであげられているいくつかの権利はすばらしい役割を果たした。特に自由に対する権利（第五条）、公正な裁判を受ける権利（第六条）そして拷問や非人道的あるいは尊厳を損う取り扱いを受けない権利（第三条）は精神障害や入院などの関連ですばらしい業績をあげた。

ECHRの第五条一は特に「不健全な精神をもつ人の合法的な拘留」を許可しているが（例：一般的な、自由の権利の例外としての民事収容）、重要な判決が続いてこの例外的権力の行使をより正確なものにした。これまでの民事収容手続きは刑事手続きと比較してもかなり不利だったので、これはとても重要であった。刑事手続きとは異なり、民事上の拘禁は、不（特）定の状態それ自体を根拠とし、一定の行動に示される状態を根拠とするものではないようである。民事収容の決定手続きは、一般的に事態の進行に応じて即決するもので事後審査的ではない。（訳注：刑事では有罪にするためには、一定の法律上の要件に該当する行為が行われることや、「故意」や「過失」という心理状態が認められるかどうかなど、具体的な行動や精神状態が定型化された一定の枠にはまるかどうかが重要になるのに対して、民事ではそうした状態の規定がルーズである。アメリカなどではdangreousness, gravely disabledなどの状態にあるかどうかが審査されるが、それでもどのような状態がそれにあたるかは、刑事ほどは厳密ではない。また、民事上の収容は行政的判断に近く、将来の危険などを防止するために事前的に事態の進行に応じて判断してゆくのに対して、刑事はすでに行われた犯罪行為について事後的に検証してゆく作業である。）収容された人に対して実質的な手続き上の権利はほんの少ししか認められていない。自由喪失の期間と程度は限りなく、当該個人がもつその他の権利に与える影響も深刻である。いままでの民事収容は市民的能力の完全な失権を導いていたというのが典型である。
人権裁判所がECHRの民事収容例外規定を悪用しないように努力してきた一例が、ウィンターワープ対ネザーランドという判例からうかがえる。この判決で同裁判所は精神病の定義に固執するのを拒否し、その代わりそれらの定義を医療科学を向上させるためにつなげた。「不健全な精神」という言葉を、単に社会通念から逸脱した人や大衆には支持されない政治的考えをもった人を収容する口実として使うべきではないと強く主張したのだ。同裁判所はまた、第5条一のeに基づく拘留の「合法」の基準についても詳細な記録を残した。証拠は信憑性が高く客観的でなければならない。申請者（あるいは施設）はその決定を受ける者（あるいは施設）と同一であってはならない。国内法はきちんと遵守されなければならず、もし遵守されない場合は条約違反となる。さらに、五条四は収容の定期的見直しを義務付け、第六条は拘留の合法性に関する民事訴訟や主張のヒアリングのための通常の裁判所への適切なアクセスの権利を保障している。民事収容という事実のみをもって、個人の法的能力の否定を正当化するには充分ではない。正気の人間を精神病院に収容することについての問題提起は第五条一のeと第三条であげられている。同様に「不健全な精神の」人を治療なく刑務所に収容することについても問題とされている。

一般的に第五条は（それだけでも、そして第六条や三条との組み合わせでも）ヨーロッパの民事収容の「潜行的な刑事化」（訳注：民事収容手続きが徐々に刑事手続きと同様に厳密化し、要件的にも危険性や同意能力の欠如など刑事に近いものが形成されてゆく現象を言っているものと思う。）のもととなってきた。この言葉は、通常刑事収容に伴う実体法的、手続法的保護手段がしだいに民事手続きに植え付けられてゆく様子を表す。

今までのところ障害という点でECHRの最も深刻な弱点は、差別禁止条項の不適切さであろう。条約の主要な平等／差別禁止の規範は第一四条に以下のように盛り込まれている。

「この条約にあげられている権利と自由の享受は、性や人種、肌の色、言語、宗教、政治あるいは他の意見、国籍や社会の出身、少数派との関連、資産、出生や他の身分などによる差別なしに保障されなければならない。」

まず第一四条は、条約にあげられている権利のみの享受を一番重要なこととしてとりあげているので、全体がかなり限定的なものになっている。したがって、例えば公共交通のような分野には差別禁止条項が適用されない。第二に、差別禁止事由として、障害が明記されていない。もちろん、「他の身分」をそのように解釈するのは可能である。しかし、障害が明記されていたほうがＥＣＨＲに基づいて自己の立場を主張しやすくなっていただろう。

一四条の弱点は世界的にもごく率直に認識されている。現在の差別事由よりもっと多くにふれていれば、幅広いものになっただろう。条約内の権利を超えて他の領域の差別禁止をカバーできるようにすればもっと深いものになっただろう。実際、一四条をより幅広く深い内容にするチャンスはつい最近訪れた。この改革プロセスのきっかけはジェンダーと人種の課題について主にかかわっている個人と団体だった。ジェンダーの視点からの改革の必要性は、一四条がゆるやかなアファーマティブ・アクションでさえ支持できないということから生じていた。人種の視点からの改革の必要性は、一四条の狭い適用範囲（条約にあげられている権利の平等な享受）が、雇用や社会サービスなど、最も問題となっている領域の現実の平等を確保できないという事実から生じていた。

この改革の成果が条約第一二議定書である。その第一条にはこのように書いてある。

「1　**法にあげられるいかなる権利**の享受も、性や人種、肌の色、言語、宗教、政治あるいは他の主張、国籍あるいは社会的身分、少数派との関連、資産、出生や他の身分などによる差別なしに保障されなければならない。」（太字は筆者追加）

第一二議定書がＥＣＨＲの追加である点に留意しなければならない。つまり、これは一四条そのものに取って代わったのでなく別の選択肢としての位置付けにある。議定書署名を選んだ加盟国にとっては議定書は一四条に追加される。署名しなかった加盟国には、もともとの一四条だけ適応される。（それ以外は何もない。）

ここにあげた議定書第一条の太字部分だけが一四条からの唯一の変更箇所である。適用範囲を条約内の権利を超えたものにしたという意図は明らかだが、差別事由は変わっていない。したがって、障害は依然として、欧州評議会の差別に対する法律の武器のなかでは明記されていない。これは後の説明からわかるが、あえて欧州連合との不都合な比較をすれば、かなり対照的である。ＥＣＨＲの現在の欠点は、相変わらず欧州評議会の困惑のもととみなさざるを得ない。

条約にもともと書き込まれていた権利に追加された他の権利も、追加議定書に付け加えられた。障害関連で特に興味深いのが一九五二年の第一議定書にある教育の権利である。

「誰も教育を受ける権利を否定されてはならない。教育と教授に関する機能を実践する際、国は、宗教と哲学の確信に基づいて教育と教授を確保しようとする親の権利を尊重すべきである。」

第一議定書の第二条（教育）とECHR（差別禁止）の組み合わせが障害のある学生に対する教育差別の判例として活用されるべきだった。こうならなかったのには二つの理由がある。

まず、条約の解釈が一義的に定まらない場合は、ECHRの解釈は国内法に依拠する。つまり、新しい考え方は現行のヨーロッパ法に照らし合わされる。欧州裁判所は通常あるいは安易に、加盟国に対する大胆な批判や大仕掛けな改革のために条約の規範を使うことはない。ヨーロッパ全土での教育は過去、概して排除の傾向があり差別的だったというのが厳しい現実だ。ECHRの組織は、平等な教育への権利を臆病に解釈することでその過去を反省せざるを得なかったのであろう。第二に、この権利の意味ある施行のためには、現行のヨーロッパ教育制度を批判的に検討する必要が生じる。これは資源がどのように配分・利用されるかについて大きな影響を与える、これまでとは全く逆の判断をもたらす。つまり、それによって、よりよい計画と新しい法律、新たな資源の配分が生じる。はっきり言えば、このような義務づけは各国政府の行政権を脅かすか、最低でも制限を加える。

二つの手段を通じ欧州人権委員会は、障害のある学生に対する教育差別について大胆な行動を促すことができたはずだが、許容性の拒否によって実質的課題を考慮しないと選択した。過去、委員会や裁判所は、加盟国に変化を促す活動家的役割を果たしがちで、その際、厳密な三権分立に対する懸念が許容性を阻んではいなかったが、この問題に関しては変化を促さないほうを選択した。

しかしながら、正しい判例の戦略があれば、今後、まだ前向きの判例記録を残すことは可能である。というのも単純に、この領域の各国の法律と政策が変わりつつあり、裁判所はその傾向に歩調を合わせざるを得ないからである。

b　障害と欧州社会憲章（一九六一年）、改訂欧州社会憲章（一九九六年）、集団審査請求制度を提供する欧州社会憲章の追加議定書（一九九五年）

市民的、政治的権利だけが人権の全領域を尽くしているわけではない。差別禁止の理想は、古典的な市民的、政治的権利の享受と同等に経済的、社会的支援も強調している。

経済的、社会的、文化的権利もまた人権の広いとらえ方から示唆され、障害に関しても特定の共鳴の仕方をしている。しばしば誇示される両者の相互依存と不可分性を（主張するだけでなく）確立するには、障害は現実的に最善の領域の一つと言える。

一九六一年の欧州社会憲章は国連の経済的、社会的及び文化的権利に関する国際規約に相当する。この憲章はもともと草案が作られた段階でかなり微力だったが、実際は法的拘束力をもつ条約なので、憲章という名称がある種の誤解を生んでいる。

第一部は一九の原則をあげ、締約国が国内で実際に意味のある経済・社会政策を形成するのに敬意をもって取り組むことに言及している。第二部はこれらの原則に呼応して、詳細に（第一条～一九条にわたって）権利を明記している。第三部（第二〇条）では締約国がこの文書の批准にともなって前提としている約束事をあげている。第四部（第二一条～第二九条）ではそれぞれの締約国の報告義務についての詳細を記している。第一部によれば締約国は以下にあげられる権利と原則が効果的に実現されるということを、この政策の目的として受け入れ、国内外で、すべての適切な手段をもってその目的を達成するものとする。

障害に関して言うならば、原則の大半はすべての権利に一般的な意味ないしは間接的な意味でもかなりの関連性をもっている。自由に自分が選択した職業で生計をたてる（原則1）、就労の正当な条件（原則2）、職業訓練の適切な施設（原則10）、可能なかぎり最も高い水準の健康を享受する（原則11）、そして社会サービスの利益を享受する（原則14）などがあげられる。障害のある人は第九条と一〇条の両方であげられ、原則15と第一五条は特に障害のある人についての適用が明記されている。

言及しなければならないのは、この憲章には三つの構造的弱点があるという点である。まずは、規範の決定的なポイントに関することだ。もともとの憲章の関連規範はかなり底が浅く、社会変革のプロセスを機動させていくというよりも、当時のヨーロッパの社会政策の現実に愛想をふりまくことを意図されていた。

第二に、義務条項の個別性である。中核をなす権利の遵守義務以外（これには一五条は入っていなかったが）に関しては、すべての締約国に、遵守に合意するかどうかを裁量に委ねられている。結果として、締約国はもともとの一五条を選択的に離脱できた。

さらに、三番目の弱点と言うのは、この憲章の「実効のメカニズム」に関連している。これは単に欧州評議会と独立した専門家による委員会（以前は欧州社会憲章独立専門家委員会とされていたが、今は欧州社会権委員会とよばれる）に定期的報告をすることを規定しているにすぎない。委員会には「拘束力のある」判断を下す権限はないが、憲章の解釈をなす「判例」はたくさん積みあげてきた。閣僚委員会が毎回の指導の最後に、具体的に条項名と国名をあげて決議を採択している。憲章の義務を遵守しなかった国に対して具体的な勧告を発行する権限がここには与えられている。

原則15はこう記している。

「障害のある人には、障害の原因や性質が何であるかにかかわらず、職業訓練、リハビリテーションそして再定住の権利がある。」

職業訓練に重点を置いているということは、当時の考え方に調和している。一条の該当部分はこう記している。

「身体あるいは精神の障害のある人がもつ権利の効果的行使を確保することを視野に置き、締約国は以下に取り組む。

1　訓練や訓練施設のための適切な措置を講じること。必要があれば、公共あるいは民間の特別な施設をつくることも含まれる。

2　障害者の雇用のための適切な措置を講じること。例としては就職斡旋サービス、作業所施設、雇用者の障害者雇用奨励措置などがあげられる。」

原則15と第一五条は人権や機会均等ではなく、福祉の精神構造から生まれたということは明らかだ。第一五条が特に人権にささげられた文書であるにもかかわらず、これは事実である。完全で平等な権利へのパラダイムシフトがはるかかなたの地平線にも昇っていないような時代であったことからすれば、これはめずらしいことではなかった。福祉とリハビリテーションの利用を許可することで、障害のある人の人権を余すところなく尊重しているとみなされていた。

それでもなお、さすがに欧州社会権委員会は第一五条に寛容な解釈を加えた。最初の結論周期（同委員会によって定期的に発行される憲章実践に関する報告）で、委員会は第一五条の理解を以下のように示した。

「長い期間、障害者に対する支援は高齢者と一緒にされてきた。第二次世界大戦以降、障害のある人への支援はアングロサクソン的立法のもとで別の道をたどった。伝統的な支援政策は今や時代後れでこの分野にあげられている人々に関する力点は職業訓練やリハビリテーション、（そして）……社会との再統合へと変化した。」

以上の解釈によると、第一五条の背後にある最優先の目的は、同条に挙げられている人々が働いて自立できるようにすることである。概して同憲章はこの傾向を反映し、第九条および一〇条で障害者について言及した後に、訓練や職業リハビリテーション、社会再定住に対する身体と精神の障害者の権利を今までとは別の社会権のレベルに上げている。このような権利は実践の手段なくしては考えられないことなので、同憲章は、関連する国際労働機関（ＩＬＯ）勧告にある規定の一部分を取り入れた。一五条のもとで、締約国は障害者に以下のことがらを保障するための取り組みをしてきた。

「—訓練施設、この中には、必要に応じての公共あるいは民間の特別な施設も含まれる。

—特別なサービスや作業所雇用、雇用者の障害者雇用奨励措置などの手段による就労の推進。」

伝統的なアプローチの幅を広げようという意図があったと言えども、この文章が対象を特定した特別あるいは別な措置への依存と、統合措置の間の矛盾を生み出していたという事実には変わりがなかった。さらに、第一五条の施行はその後の様々な障害差別課題に追いついて行けなかった。例えば、欧州社会権委員会の各国報告書の分析のなかで、障害のある国籍非保有者のあつかいが大きな問題としてとりあげられた。例えばイタリアには、説明もつかないほど多数の失業中障害者がいるが、皆労働市場に参入しようと積極的に活動している。この理由からイタリアは一五条を侵害しているとされた。

九〇年代中盤までには、憲章はかなり時代後れだということが明らかになった。このころまでには、たくさんのヨーロッパ諸国の憲法が、最低でも経済権と社会権の一部を裁判で決着をつけうるものとして保障するようになっていた。おそらく一九九五年のフィンランド憲法が最近の好例としてあげられるだろう。評議会内に民主主義の洪水が押し寄せたことで、レトリックの上ではなく現実の権利の享受に力点が置かれるようになった。

九〇年代初期に始められた内省の経過は二つの具体的な成果を生んだ。まずは「施行」に関してである。九五年の追加議定書は特定の加盟国によって批准されたが、これにより、欧州評議会に対する協議資格をもった国際ＮＧＯが各国政府や欧州社会権委員会に対して「集団審査請求」を申し立てられるようになった。現在、最低でも三つのヨーロッパ地域レベルの国際ＮＧＯがこの権利をもっている。より多くの国際ＮＧＯが申請できるし、そうすべきである。追加議定書の第二条のもとで、締約国はまた、このような権利を国内政府機関にだけ与えることを選択できる（例：アイルランドの国内障害団体、障害のある人のフォーラム）。充分な批准が蓄積されたため、いまや追加議定書は署名国との関連で効力をもつようになった。実際、八件の集団審査請求がすでに提出された。一件目は児童労働法に関連し、国際法律家委員会（ジュネーブに本部をもつ）がポルトガルに対して起こした。これまでの審査請求は障害に関係していないが、今後そのような請求が出されるのも時間の問題だろう。したがって、この条約は国際ＮＧＯやＮＧＯが経済、社会、文化にかかわる権利とプログラムを議論するうえで、有効な場として機能できるのではないだろうか。

二番目の成果は内容に関係している。規範は完全に見直され、一九九六年改訂版欧州社会憲章が生まれた。我々の目的にとってもっとも意義深いのは原則15が完全に近代化され、（不完全ではあるが）機会均等哲学を採用する言語に書き換えられたという点だ。現在は以下のようになった。

「原則15　障害者には自立と社会統合、地域生活への参画の権利がある。」

「一五条　年齢や性質や原因とは関係なく、障害のある人の自立と社会統合、地域生活への参画の権利を効果的に行使することを確保することを視野に置き、締約国は以下に取り組む。

1　可能な限り一般の枠組みにおいて、不可能な場合は特別な機関を通じて、公的あるいは民間の場で障害のある人に、指導と教育と職業訓練を提供するための必要な措置を講じること。

2　雇用者が障害のある人を一般の職場環境に採用して維持し、障害者のニーズに合致した就労条件を整えることを奨励するに資するすべての措置を講じること、あるいはそれが障害によって可能でないときは、障害のレベルに応じて作業所の雇用環境を調整あるいは創出すること、これらによって雇用へのアクセスを推進すること。

3　彼（女）らの完全なる社会統合と地域生活への参画を、コミュニケーションと移動のバリアを克服することを目標にし、交通と住居と文化的活動と娯楽へのアクセスを可能にする措置を講じることによって推進すること。これには技術支援も含まれる。」

一五条の改訂版作成者が、世界中で起きている福祉から権利へのパラダイムシフトを認知していることはかなり明白である。

序文で言及されているのとは別に、一九六一年の憲章には差別に関連する法律条項は一つもなかった。興味深いことに、九六年の改訂版社会憲章には憲章（第五部Ｅ条）にある権利に関連した、差別禁止を保障する条項が書き加えられている。また、ＥＣＨＲ第一四条を一字一句漏らさずそのまま書き写してある。したがって、障害を差別事由としては明記していない。しかし、欧州社会権委員会はその判例の中で憲章に列挙されている事由は全部を網羅しているわけではないという点を強調している。したがって適切な事例であれば、欧州社会権委員会が「その他の地位」というくだりを、障害のある人も含めて解釈することは充分あり得る。

同等に重要なのは、追加議定書が、両方の文書（第六部、改訂版憲章のＤ条）に批准した国のための改訂版社会憲章に適応されるということである。追加議定書が改訂版憲章と組み合わされれば大きな価値が生まれる。正しい批准がされれば、権利虐待監視の最前線で活躍する障害国際ＮＧＯとＮＧＯが集団審査請求の機構を利用して欧州社会憲章委員会の下に差別禁止を提起できる。どのように機構が機能するか具体的に把握し、どの批准が必要なのかきちんと確認さえすれば、広範な社会政策にかかわる差別の課題がストラスブールで議論にのぼることとなる。

c　生物学と医療の適応に関する人権保護と人間の尊厳に関する条約（一九九七年）

この条約はいくつかの理由から、障害に大きなかかわりをもっている。まず、科学は個人に害をもたらす可能性のある情報をつくりだす。「客観的」科学的事実について興味深いことは、これが社会決定論と調和しがちであるという点である。したがって、この条約の機構の一部はこのような情報の利用と誤用について取り扱わなければならない。

第二に、人間の脆弱性には多くの危険がともなう。元来不平等である患者と医師の関係にともなう「通常の」危険を、この脆弱性はさらに悪化させる可能性がある。自分に影響をおよぼす意思決定過程なのに、自分がそのなかで見えない存在にされがちにされ、そのことが権力と責任をもつ立場にいる人々の態度に劇的な結果の違いをもたらす。これまでの歴史では最悪の場合、障害のある人の脆弱性が搾取され、邪悪な実験に使う言い訳として利用されたり、意味のないあるいは良くない臨床実験に障害者が晒されてきた。したがって、医療の理解と治療の向上につながる可能性がある手続きでも、傷つきやすい立場にいる人々の権利と利益を保護するための注意深い管理体制が要求されている。

不幸なことに、欧州生命医療条約協議会はこの目的を達成できていない。重要な人権原則に口先だけで同意している。例えば第一条ではすべての参加国が

「すべての人々の尊厳とアイデンティティを保護し、誰に対しても、差別なしに、生物学と医療の適応において、人間としての健全さと他の権利、そして基本的自由を尊重するべきである」としている。

しかしながら、この条約は遺伝子研究と実験に関連する障害者の人権保護には失敗している。特に生物医療条約は、インフォームドコンセントをできない人々を対象にして非療法的医療実験を行うことを許可している。国際法律家委員会のような人権団体や障害者インターナショナル（DPI）のような他のNGOは、この条約が議員総会で草案化されたときに、この点や他の欠点を批判した。国内の障害団体、特にドイツの複数の組織は、この条約に署名すべきではないと、一九九七年採択後に政府を説得した。

国連の国際障害関連規範と基準規則に関する専門家会議が九九年十二月十三日から十七日まで中華人民共和国香港（特別行政地域）で開催されたが、欧州生物医療条約が障害者の権利の視点から見直された。特に、非療法的医療実験関連条項は、市民的及び政治的権利に関する国際規約第七条や、一九四七年ニュルンベルク規範に遵守していないとしてとりあげられた。これらの人権文書は、インフォームドコンセントなしに医療研究が行われてはならないと明記している。

d　拷問及び非人道的かつ尊厳を損なう取り扱いの予防条約（CPT、一九八七年）

拷問及び非人道的かつ尊厳を損なう取り扱いを公式に禁止している内容はECHR第三条に盛り込まれている。この領域の条約全体の採択は、国際社会がまず何よりも、拷問を未然に防ぐことができるような、（裁判ではない）行動を起すことを目的とした機構を提供することによって、第三条を補うことが意図されていた。

この条約は公権力によって自由を奪われた障害のある人との関連で明らかに重要な意味をもっている。警察の尋問のために拘留され、刑事制度のもとで自由刑に処され、あるいは精神病院か他の居住施設に収容されている障害のある人に対して適用される。

条約によって、欧州拷問及び非人道的かつ尊厳を損なう取り扱いの予防委員会が設立された。第一条ではこの委員会の義務として以下をあげている。

この委員会のメンバーは独立性と公平性をもち、法律、医療、公共政策などを含む様々な背景をもった専門家によって構成されている。締約国内の拘留施設に定期的な訪問や特別な訪問をすることができる。二〇〇〇年八月の段階で七二の定期訪問と三二の特別訪問が行われていた。締約国に対して訪問の事前通告はされなければならないが、通告さえ出せば直後に訪問できる（第八条）。問題の締約国は委員会に対して、拘留施設へのアクセスも含めて、すべての施設をオープンにしなければならない。委員会には拘留されている人を個人的にインタビューする権利があり、関連情報を提供できると思われる人ならすべて情報を入手する権利をもっている（例：関連するNGO）。締約国は訪問を拒否できるが、国防や、公共の安全あるいは公衆の混乱、当事者の医療条件、緊急尋問の必要性などの例外的根拠がなければならない。これらはすべて（医療条件を除いては）障害のある人にはあてはまらないであろう。訪問拒否の権利は絶対的ではなく、委員会は締約国との合意をとりつける交渉力を与えられている。

委員会は秘密厳守のもとに機能する。訪問の後、発見された事実と改革のための勧告を記した報告書を提出する。これは締約国と共有され、締約国の要求なしには出版されない。大半の報告書は――問題の締約国からの反応とともに――締約国の要求によって出版されている。締約国が協力しない、あるいは適切な改革を導入しない場合、委員会は公的文書を発行するかもしれない。

秘密厳守の厳格性を条件としながら委員会は毎年、欧州評議会閣僚委員会あてに一般報告書を提出する。これは議員総会を通じて公表される（第一二条）。前年度のCPT活動を具体的内容、選定されたテーマごとの観察内容と勧告の概要を書き表している。

CPTは定期訪問でほとんど毎回精神病院を訪れている。最低二回の機会をとらえて、障害問題がとりあげられた。一九九二年をカバーする第三回年次報告書には、刑事被告人に対する精神的ケアの水準など、刑務所内の医療サービスについての詳細な報告がある。九七年をカバーする第八回年次報告書には、委員会が精神科治療拘禁施設訪問についての詳細な報告がある。虐待の防止から患者の生活状況、職員、拘束の手段、民事収容における保安にいたるまで、様々な課題を議論している。虐待に関しては報告書はこう記している。

「CPTの現地視察での観察結果と他の情報源による報告から、精神病施設の患者に対する意図的な虐待が時々発生していると示唆される。」

一九九八年にCPTが行った第二回アイルランド訪問の報告には、興味深い事例があげられている。数ある施設のなかで、CPTは、裁判所によって「刑事上心神喪失」とされた人たちの主要な拘禁施設である中央精神病院を訪れた。職員の配置や患者の扱い、患者の生活環境整備、隔離、強制入院患者の保安などに関する良質で適切なサービスについて、CPTはいくつか勧告を出した。この報告書は九九年十二月、アイルランド政府の合意を得て出版された。そして政府は、これに対応する報告（中央精神病院に関する今後の行動計画も含めて）を同じ日に出版した。

この二つの報告書出版の成果として最低でもあげられるのは、まず国内法改正だけでなく、強制入院させられた障害のある人の人権保護規定にも拍車をかけたことである。それから、このことによってNGOが関連する課題について公共で問題提起する機会がうまれるようになった。つまり、CPT条約と監視機構が居住型施設に閉じ込められるか収容されている障害のあるヨーロッパ人の生活状況を把握する高度なシステムを確立したのである。

e　国内マイノリティの保護に関する条約の枠組み（一九九五年）と障害との関連

欧州評議会は長い間、国内少数派と民族少数派に対して懸念を抱いていた。しかしながら、評議会は、一九九〇年代半ばにいたるまで条約を採択しなかった。ソ連邦の崩壊と、それにともなって全く新しい加盟国が欧州評議会に殺到した時機であった。評議会は、東ヨーロッパに長い間くすぶっていた少数派問題がいっきに爆発し、暴力や政治不安を招くのではないかと恐れた。したがって、この条約がようやく採択され、この課題については、唯一の「ハードロー」でありつづけている。

この条約の背後にある哲学はきわめて明確で、障害権利運動の中核をなすテーマ（すべての人のための機会均等）と共鳴していた。条約の根底をなすのは、公正な政策はインクルーシブであるという考えだ。つまりそれは、反差別と、違いの表現のためにはより積極的な機会の創出が必要だという理解に基づいている。ある意味ではこの条約の哲学は障害改革の過程に命を吹き込んだ、あの非常に広範な平等の概念からきている。

条約第一部は特定の原則を規定している（第一条～第三条）。第二部では少数派が享受するさまざまな権利規定、反差別と積極的措置の両方を行き来している。集団の権利や個人の提訴そのものは規定されていない。施行は、専門家助言委員会によって支援されている閣僚委員会への定期報告提出義務によって達成されている。

条約で大変優れているのは、国内少数派の定義がされないままになっている点である。この言葉の意味は、時の経過とともに変化していくものであると明確にすることを、作成者は意図している。その結果、古典的な少数派（例・

ロマ人）が経験してきた、社会の周辺に追いやられることと同様なことをある集団が経験していたとしたら、その集団は条約の目的に合致して「国内少数派」とみなされる。

このように国内少数派の定義がオープンなので、締約国には、定期報告書のなかにどの集団を含むかについての選択が委ねられている。強いて障害のある人の状況を報告に盛り込ませるものは何もないが、平等という観点からは、盛り込むのを妨げるものも何もない。

この柔軟性は特に、自分たちが言語少数派であると長年主張してきた、聴覚に障害のある人に関連する。多くの国の報告書には、管轄内における言語少数派の取り扱いについての詳細にわたる論評が加えられている。そして条約は言語少数派の権利を明確に規定している（第一〇条）。現実に、フィンランドの最初の報告書は、ろう者や難聴者を「国内少数派」として間接的に言及している。決して曖昧でないとは言えないし、前例になったとも言えないが、聴覚障害者の状況が一つの集団としてまじめに受け止められる可能性を示している。

条約の条件にのっとって、関連するヨーロッパのNGOは締約国に、聴覚障害者を「国内少数派」の中に入れるようにと説得することができる。締約国がこれを報告書に入れない理由はそれほどないはずである。実際、関連するNGOが、障害のある人も伝統的な国内少数派と同様に差別にさらされてきたということから、締約国に、障害のある人全体を少数派として条約の適応対象にするよう説得することも可能である。そうなれば締約国が条約に基づいて障害のある人を報告書に入れるようになるだろう。が、現時点では、伝統的「国内少数派」とすべての障害のある人を同一視するのは難しいので、聴覚障害者のシナリオの方がより現実性があるだろう。

3　欧州評議会における障害関連勧告

勧告はどの改革過程においても、加盟国が問題の中心を明らかにし、国内政策をヨーロッパ統一的解決策に方向付けることを促すという点で有効に機能している。

a　障害のある人に対する一貫した政策についての勧告R（九二）六

これは、障害に関する欧州評議会の今までの勧告のなかで最も重要である。一九九二年四月九日、閣僚委員会が、社会公衆衛生領域に関する部分合意の枠組みのもとで採択した。これは国連基準規則とほぼ同時期である。ある意味でこの勧告は、ヨーロッパの環境での機会均等と差別禁止モデルをめざした取組みと言える。八四年の「障害者のリハビリテーションに関する一貫した政策」についての勧告ＡＰ（八四）三という、より福祉指向の勧告に取って代わるものとなった。

この勧告に命を吹き込む原則は、一般政策を取り扱う第一部で以下のように表されている。

「障害のある人または障害をもつ危険のある人の利益になるような一貫したグローバルな政策は、以下を目標とすべきである。

―障害をもつことを予防し、なくしてゆく、その悪化を予防し、それにともなう結果を軽減する。

―完全で積極的な地域生活への参画を保障する。

―自立生活実現を、当事者の希望にしたがって、援助する。」

これは相互の適応がダイナミックにかかわるプロセスである。つまり一方では、障害のある人が自らの希望と選択、能力に基づいた生活を送ることであり、これは最大限現実化されなければならない。そして他方では、社会が機会均等を確保するために具体的かつ適切な段階をもって支援を提供しなければならないということである。一般政策部門に、障害のある人と政策立案者両方の「目標」が掲げられ、以下の内容を含んでいる。

―リハビリテーションと統合の過程における計画立案と実践では、個人の責任を最大限保持する。

―完全なる市民としての権利を行使し、教育を含む地域の施設やサービスの利用がきちんとできる。

―自己決定と自立をできるだけ実現する。この中には当人の希望により自らの家族から自立することも含まれる。

―女性と高齢の障害者には格別の留意が必要である。

勧告Ｒ（九二）六は一二の部分に分かれる。⑴一般政策、⑵予防と健康教育、⑶診断、⑷治療と療法の支援、⑸教育、⑹職業ガイダンスと訓練、⑺雇用、⑻社会統合と環境、⑼社会的、経済的、法的保護、⑽リハビリテーション人材の訓練、⑾情報、⑿統計と研究。

一般政策の部門には多様な「介入領域」が示され、それに続く一一の部門はより具体的な勧告を規定している。差別禁止の発想はすべての「介入領域」に浸透し、第五部の教育に関する条項は、この点ですばらしい出来あがりとなっている。また、第九部も一貫した障害政策モデルを支える法的枠組みを検証していて重要である。第九部の第三パラグラフはこのように記している。

「障害のある人の基本的な法律上の権利の行使は保護

されるべきである。これには差別されないことも含まれ……。」

b　強制入院させられた精神障害者の法的保護とその後の発展についての勧告R（八三）二

欧州評議会の議員総会は一九七七年に、ヨーロッパの精神病の状況に関する画期的な報告書を発行した。これによって議員総会勧告八一八（一九七七）が発行され、以下が加盟国に要求された。

「精神病者の拘禁、特に……不定期の強制的な拘禁を最低限に抑えることによって、精神病者の拘禁に関する法律及び政省令を見直すこと。」

八一八勧告は閣僚委員会に対して、専門家のワーキンググループを設立し、加盟国への勧告草案を準備するよう要求した。欧州人権裁判所にもたらされた判例が、ヨーロッパの民事収容法の内容と手続きの欠陥を白日のもとにさらした後であったため、この政策勧告が必要だということは自明の理であった。

専門家集団がしかるべき時期に一堂に会し、文書を作成、これは閣僚委員会によって一九八三年採択された（勧告R（八三）二）。この勧告の規範は当時にすればかなり進んだもので、強制的な自由の喪失とそのような場合の手続き、例外的権力に従属した人の実質的権利などに言及している。この勧告はヨーロッパ全土に大きな影響をおよぼした。

議員総会は一九九四年四月十二日に別の勧告を採択（精神医学と人権に関する勧告一二三五（一九九四））、これによって勧告R（八三）二を医学の発展と法律の向上によって見直すことが促された。議員総会のこの勧告には、原則がリスト化され、八三年文書の改訂のガイド的役割を果たしている。

閣僚委員会はしかるべき時機に、専門家集団を集め（精神医学と人権ワーキングパーティ［CDBI-PH］）、勧告R（八三）二を最新のものにするため、生物倫理運営委員会の権限下に下部機関をつくり出した。二〇〇三年三月、閣僚委員会はこのワーキングパーティが作成した改革の選択肢についての論文を、協議目的で発行した。しかし大変誤解を招きやすいことに、この論文は「白書」の形式をとり、提出期限は二〇〇〇年十月だった。厳密に言えばこの論文のもともとの権限範囲は超えていたかもしれないが、この「白書」はすばらしい内容で、ヨーロッパのNGOの徹底的な分析に値する。この課題に関する全面的改訂版の勧告は二〇〇〇年か二〇〇一年の初めに提出されることが期待されている。

ｃ　すべての人々のためのスポーツに関する欧州憲章：障害者（一九八六年）

よりよい社会の結合のためにスポーツは大きな役割を果たすというのが、欧州評議会の長年の認識である。一九七五年、欧州スポーツ閣僚会議はすべての人々のためのスポーツに関する欧州憲章を採択し、これがこの領域における基本文書となっている。憲章第一条は「すべての個人にはスポーツに参加する権利がある」としている。障害や能力を根拠にした区別はされてはいない。

一九八一年、第三回閣僚会議では、障害のある人について扱ったより具体的な決議が採択された。障害のある人のためのスポーツ決議（八一／五）はこう記す。

「閣僚会議……はスポーツが、生活設計、健康の回復と維持、機能のリハビリテーションにおいて最高の重要性をもつものであると考慮する。

スポーツは教育とリハビリテーション、娯楽と活動、社会統合の改善における価値ある手段と認識する。」

この決議で、欧州スポーツ閣僚会議は、障害者の教育とリハビリテーションと予防に、スポーツを取り入れることと、スポーツ施設をバリアフリーにすることに最善の努力をおしまないと明記している。また、欧州評議会閣僚委員会に対して、特に、この課題に関するガイドラインと優先事項を策定するよう要求した。

しだいに重点はリハビリテーションから機会均等、差別禁止、そして統合スポーツに移った。第四回欧州スポーツ閣僚会議は、欧州評議会閣僚委員会が加盟国に対して以下を勧告すべしと伝えた。

「1、スポーツ施設の建築の際、これらの集団のアクセスを確保すること、それによって体育教育とスポーツへの参加の機会が増大する……。

4、障害NGOからの適切な代表を、体育教育やスポーツに関する意思決定に参加させることを推進すること。」

一九八六年、最終的に閣僚委員会は、すべての人々のためのスポーツに関する欧州憲章と障害者勧告を採択した。この憲章は二部に分かれていて、Aは加盟国にとって適切な行動についての概略を述べ、Bはスポーツ機関にとっての適切な行動についてである。

以下Aからの引用は機会均等と差別禁止原則に適切に合致しているという点で注目に値する。特に、加盟国政府が以下の点について要求されている。

「1 関係の公的機関、民間団体すべてがすべての障害者のリクリエーションの希望とニーズを自覚することを確保するための必要な措置を講じること。

2 このような人々が肉体的活動に参加する適切な機会の創出誘導政策を策定すること。これによって

(a) 障害者の幸福の感情を奨励し

(b) 障害者と健常者との社会交流が促進される。

3 適切な機関が、障害者が使えるように公的なスポーツ施設のアクセスを確保することと、これらの機関が以下のことがらにも取り組むように教唆すること。

(a) 別の説明規定にあるアクセスガイドラインにスポーツ施設が遵守できるように公共投資することを考慮する。

(b) 今後のスポーツ施設が「このガイドライン」あるいは同等の国内基準にできるだけ合致するようにすること。」

Bでは、加盟国が、とりわけスポーツ機関と密接に関係をつくり、障害のある人がスポーツの主流に参加する機会の創出や、障害のある人がスポーツのエリートをめざすことは当然あってよいことであると認識することなどに取り組むべきであると記している。

一九九九年閣僚委員会は「社会統合促進におけるスポーツの役割」についての勧告を採択した。これは加盟国に、すべての人のためのグローバルな統合スポーツ政策を採択することと、障害のある人を含む、不利益な状態にあるあるいは排除されている集団に焦点をあてることを要求している。Bでは、加盟国が、とりわけスポーツ機関と密接に関係をつくり、障害のある人がスポーツの主流に参加する機会の創出や、障害のある人がスポーツのエリートをめざすことは当然あってよいことであると認識することなどに取り組むべきであると記している。セクション1(a)は障害について取り扱っており、以下のように記している。

障害者に関しては

「—スポーツ施設と関連のアクセスと交通機関を、交通勧告№R(八六)一八で規定されている施設や娯楽領域にあわせること。

—スポーツの肉体的、心理的、社会的利益の可能性を障害者が自覚するとともに、肉体的能力に自信をもてるような障害者のための事業を作り出すこと

—主流のスポーツ機関が障害者のスポーツ機関のための規定を作り、コンタクトを取ることを奨励し、障害者がスポーツの世界で受容され、統合されるのを目的に、障害者のスポーツと主流のスポーツの区別をなくす措置

を講じること。」

d　障害のある人々の職業アセスメントに関する憲章についての勧告AP（九五）三

この非常に興味深い文書ははっきりと福祉から権利へのシフトを表している。（最初の説明部分では）リハビリテーションの根底にある原則は、障害のある人が「自立と同等に社会的、経済的参画のための最善の手段」を達成することであるとしている。

平等権の哲学は、勧告が、職業アセスメントを障害のある人の能力に着目するようにしている（原則2・2・4）こと、労働市場に障害者の能力をうまくマッチさせる必要性を認識していること（原則2・2・5）からもうかがえる。興味深いことに、障害の定義に関する議論については以下のように述べている。

「医療や他の科学の分野では、通常からの逸脱や欠陥に焦点をあてている。このような分類は障害のある人に公正を期していない。弱点にのみ焦点をあてることによって社会統合が阻まれ、障害者を不利益な立場に追いやり、排除に導くだけである。」

長年NGOは同じ主張を続けてきた。これは明らかに機会均等哲学の流れである。この憲章の他のセクションは、需要（より正確な能力の評価）と供給（仕事）についてより具体的な促進策を記している。

e　高等教育へのアクセスについての勧告R（九八）三

一九九三年～九六年、欧州評議会のもとで、高等教育へのアクセスについての三年間の事業が行われた。加盟国のこの点に関する政策比較の研究が行われ、九六年、パルマの会議でその結果が発表された。勧告R（九八）三はこの過程から生まれた主要な政策である。とりわけ障害差別と高等教育へのアクセスに共鳴している。勧告の目的に準じて、「アクセス政策」が第一条で以下のように広範に定義されている。

「社会のすべての層が高等教育により幅広く参加できることをめざし、この参画が効果的であることを確保する政策（つまり、個人の努力が成功に終わることにつながるための条件づくり）。」

関連の説明部分はこれをさらに、以下のように拡充している。

『『アクセス政策』とは、高等教育への入学許可や参画だけでなく、個人レベルの成功が公正に配分され、適切なチャンスがもてるということも意味する。ある特定の社会集団が大量に存在していなかったり、成績がよくなかったり、中退率が高かったりするのは、アクセス政策の失敗によるものである。」

この勧告で機会均等は以下のように定義されている。

「平等の原則のすべての要求に合致するものである。形式的あるいは法律上の平等そして差別の欠如だけでなく、個人が可能性を最大限生かせるようにするという意味での効果的な平等も含む。効果的な平等の推進には、必要に応じた措置の採択が要求されるであろうし、社会における個人あるいは集団の状況を考慮した差別禁止の原則と一貫していなければならない。」

政府と高等教育機関の両方に向けた勧告である第二条、アクセスの目標には以下が含まれている。

「高等教育を受ける能力と意志のあるものはすべて公正で均等な機会を得るべきである。

高等教育を受ける人口全体が各国の多様化する社会を反映しつつ増加すべきである。」

この勧告は高度な学術業績を維持することと、すべての人のための平等な機会を保障することの間の、昔からある緊張関係について取り扱っている。

「二　4．高等教育の質を維持し高めようとする努力は……卓越した教授法と研究だけでなく、社会のあらゆる集団に提供される効果的なアクセスの基準をも含むものである。」

つまり、公正なアクセスを教育の質評価の要因としてとりあげているのである。

勧告第三条は具体的に差別を取り扱い、障害のある学生について言及している。関連部分は以下のように記している。

「三　1．加盟国は障害に基づいた高等教育の差別を違法とする立法措置の必要性を考慮すべきである。特に以下について考慮されるべきである。

—加盟国が、とりわけ障害のある人の政策に関して採択した関連の欧州評議会文書

—差別と証明されたことに対し審査請求する個人のエンパワメントと、構造的問題や制度変革への取組みに対して均衡のとれた措置を講じる必要性。」

実質的な懸念に関しては、勧告は入学のポリシーとアク

セス（第四条）、入学後の進歩（第五条）、アクセスと生涯教育（第六条）、職員配置と開発（第七条）、資金（第八条）、そして機会均等に関する監視システムという具合に取り扱っている。これらすべて障害に関係するが、第五条3（学生の進歩）は特に重要である。

以下関連部分はこのように記している。

「五　3．多様な学生を学業上の成功に導くために、以下のような段階的な措置が講じられなければならない

—適切な場合、カリキュラムの内容を再編成し、多文化社会の多様性を反映する内容に必要に応じて変更する。この際、少数派文化の視点を考慮すること

—寛容と団結、民主主義の風土を推進すること。」

カリキュラム内容と構想の変更はヨーロッパ全土で議論の的になっている。しかし、最低でも、この勧告は、真の教育の機会均等にはカリキュラム調整が必要だという見方をはっきりと打ち出した。この規定のなかには、障害のある職員を増員する必要性についても軽く触れている（第七条1）。

統合教育についてのさらなる視点は、一九九九年に閣僚委員会が採択した、「民主主義的市民権に基づいた教育に関する宣言とプログラム」と題した興味深い宣言にも見られる。とりわけ、この宣言は教育の役割は「人々が多文化社会に住み、違いについて知識をもって、分別よく、道徳的に対応できるように準備することである」としている。ある意味でこれは、障害のある学生（実際の話、「違う」子どもはすべて）を教育にメインストリーミング化することは社会の皆に利益をもたらすという主張を支持している。

f　意思能力が乏しい成人の法的保護に関する原則についての勧告R（九九）四

ヨーロッパで進行している障害改革の一部は意思能力が乏しいとされている成人の権利と利益をどのように扱うかについてささげられてきた。障害のある市民が一般的に「可視性がない」存在であるとすれば、そのなかでもさらに、自らの権利と利益を正当化することができない人たちは可視性の乏しい存在である。概して、法律は、これらの人たちの抱く懸念をまったく無視するか、平気で悪事を働く家族や他の人たちのもとに放置してきた。また概して生活の一側面における能力の乏しさは、すべての面における無能力さと解釈されてきた。

平等のより新しい哲学（例：能力に関係なく、すべての市民は生来平等の価値を有しているという信念）に調和して、欧州評議会は近年、欧州後見法の改革をにらんできた。一

九九四年、法務局長はこの課題についての大きな会議を開催した。加盟国を対象に、現行法と法改正についての意見に関する調査が行われた。そして、エジンバラ大学の高名な助言者、エリック・クリーブ教授が勧告のモデルと報告書を準備した。勧告R（九九）四はこれらの活動の成果である。

つまるところこの領域の改革は、対象となる個人の法律的な人格（そして平等な人格）の復権に関連している。絶対的な区別を撤廃することや、一個人のなかに能力と無能力が存在するという認識を受け止めることにもかかわってくる。このような考え方は、個人の今ある能力を維持すると同時に、その個人が真に能力が乏しい範囲においては、適切な保護を提供するという前向きなアプローチを好意的に受け止めている。長年手がつけられなかった改革であり、障害権利運動の平等権哲学に鼓舞された。

勧告R（九九）四は注目すべき前向きな文書である。第二部は指導原則を規定（例：法改革を司るべき原則）している。この勧告は改革における第一の「指導原則」は以下のような人権の尊重であるとしている。

「原則1　人権の尊重

能力の乏しい成人の保護に関して、他のすべての原則の根底をなす基本的原則は、各個人の人間としての尊厳を尊重することである。意思能力の乏しい成人の保護に関する法的手続きと実践は、人権と基本的自由の尊重に基づくべきである。」

第二の原則は柔軟性に関係する（例：法的能力の有無と言われる、古いタイプの白か黒かの区別を止めること）。とりわけ、「さまざまな措置の中には、当該個人の法的能力を制限しないものも含まれるべきである」とある。第三の原則は、現在の能力を最大限維持することに関連する。四番目は公的な手段に広報が訴える必要性である。五番目は保護手段と補充性の必要性（訳注：補充性は成年後見の原則の一つで、成年後見以外に保護手段がないことを要件とするもの、成年後見はlast resortとも言われる）について議論している。六番目はとりわけ比例性を守るべきこと（訳注：比例原則は自己決定権の制限は能力の乏しさの程度や保護の必要性の程度に比例したものでなければならないということ）である。七番目は手続き的公正と効力について、八番目は保護手段を講じる際に当事者の利益と福祉が最重要であるということ、九番目は当事者の希望（wish）と感情（feeling）を尊重するニーズ（必要性）について、そして最後は手段が採択される前に関係者全員への協議が必要であることである。第三部は手続き上の原則を詳細に記している。第四部は代理人の役割に焦点をあてている（例：当事者の意思決定の正当な範囲とは何か）。第五部は医療分野の介入にかかわる原則を扱っている。

この勧告のより完全なる扱いについてはこの論文では扱わないが、法の支配の中で、障害のある人をより可視的な存在にするためのより大きな事業の一つ――福祉から権利、機会均等へのシフトの結果としての事業――としてとらえられるべきである。

4　欧州評議会における障害関連作業部会、研究など

欧州評議会は数年にわたって障害課題について徹底した研究を行ってきた。その多くは、――直接の調査範囲でないにしても――勧告R（九二）六からヒントを得ている。以下に特筆すべきものを挙げた。

a　ヨーロッパ障害立法の定期的評価

欧州評議会はヨーロッパ全土の障害立法の定期的評価報告書を発行している。現在まで六回発行されている。

b　国際障害分類についての専門家部会

部分合意のもとで、欧州評議会は一九八七年、世界保健機関（以下、WHO）国際障害分類専門家委員会を設立した。過去何年にもわたり、この委員会はヨーロッパにおいてWHOの国際障害分類の改革に評価を下し、新たな内容を提起するのに指導的な役割を果たしてきた。障害分類に関しての多岐にわたる課題をカバーしたすばらしい報告書も発行してきた。

平等権の視点から特に問題になってくるのは、障害の三つの定義に絶えず社会的な意味を付け加えていく必要性である。これによって、機会均等の課題と、当事者の尊厳と自律を中心にすえることが適切に障害分類に反映される。主なイニシアチブとして、欧州評議会は、一九九六年、WHOと多様なヨーロッパの障害NGOによる共同セミナーを主催した。このセミナーと両者の対話のプロセスが、国際障害分類改訂につながった。

c　障害のある人の雇用研究

障害のある人の雇用は欧州評議会にとって長年の懸念事項であった。一九九三年～九六年にかけて、この領域における評議会の活動は、作業所的閉ざされた雇用から開かれた雇用への移行に集中した。九六年以降は、障害のある人が通常の労働市場に入り込むことに集中してきた。

雇用に関する広範な課題について、欧州評議会は利用価値の高い研究成果を発表してきた。この中には作業所から

通常雇用への移行（九六年）、一部の加盟国の作業所の実態（九七年）、職業訓練と評価の比較分析（九七年）などがある。現在は、障害のある人の機会均等を労働市場で推進するための報告書が準備されている。

d　障害のある人に対する暴力についての専門家部会

一九九九年、障害のある人に対する暴力についての専門家部会が設立された。障害のある人に対する暴力についての研究調査と、問題への対処と具体的な予防策策定を目標にしていた。二〇〇〇年十一月には第四回の会合を開いた。ここで言う暴力とは肉体的な暴力と性的虐待、心理的な損傷、金銭的な虐待、ネグレクトを指す。この集団は国際NGOと協議し、作業は二〇〇一年に完成が予定されている。閣僚委員会のこの課題に関する勧告がこの後に続くこととなっている。

e　ユニバーサルデザインについての作業部会

欧州評議会は新たなアクセスガイドラインを準備するとともに、ユニバーサルデザインの原則を建築物に関係する職業分野に統合するための勧告策定の作業も進めている。

専門家作業部会は、障害のある人に最大限の利益をもたらす新しい技術の利用についての具体的な提言をまとめる作業を進めている。また、給付（例：社会保険給付）についての統一された評価を策定する別の専門家集団も作業を進めている。これは当事者が国境を越えた場合、もう一度評価を受けなおさなければならないことを防ぐ目的である。この報告書は二〇〇〇年に完成される。

f　障害のある人に対する差別についての作業部会

これまでにあげた活動において、機会均等と差別禁止の哲学が指導的原則であることは明らかである。より具体的に言うならば、欧州評議会は一九九六年、障害のある人に対する差別に関する作業部会を設立した。欧州評議会の四一加盟国における障害差別法の比較分析（二〇〇〇年九月の段階では未発行である）と雇用者連合や労働組合、NGOの位置づけについての調査も行った。

この作業部会は特に差別禁止法、積極的措置（例：差別の構造的問題にかかわる）そして障害のある人の意思決定プロセスへの参画に焦点をあててきた。最終報告書は二〇〇〇年春、欧州評議会障害のある人の統合とリハビリテーション委員会によって採択された。これは二〇〇〇年十月には発行される予定である。そしてこれが閣僚委員会の障害差別についての勧告につながることを多くが望んでいる。

二　欧州連合と障害

1　背景：欧州連合における法的枠組みと政策文書

a　連合の経済的焦点

欧州連合（EU）は、その歴史からしても、障害関連という意味では一風変わった法律・政策の源である。連合は当初、三つの共同体をつくる条約を成立させた。それは、欧州石炭鉄鋼共同体条約（一九五一年四月十八日、パリ。欧州石炭鉄鋼共同体＝ECSC設立のため）、欧州経済共同体条約（五七年三月二十五日、ローマ。欧州経済共同体＝EEC設立のため、これは後九二年、欧州共同体条約第一条によって欧州共同体条約と変更された）、そして欧州原子力エネルギー機関条約（五七年三月二十五日、ローマ。欧州原子力エネルギー共同体＝EURATOM設立のための条約）である。EECは六五年、三つの条約の中核をなす規定と制度が融合したあと、公式に欧州共同体（EC）となった（欧州共同体条約）。

もともと欧州経済共同体を支えていた考え方は、各国の異なる市場を共通の市場に統一することを通じてヨーロッパの統一をめざすということだった（「機能的統合」の理論）。この理論が根拠にしていたのは、気が滅入る（しかし成功した）洞察、つまり、人間は自己利益に基づいた計算をするときが一番良く協力し合えるということだった。国内市場を共通市場にすることで、経済だけでなく人々の統合にも貢献するということである。

b　欧州連合「憲法秩序」の基盤としてのECとEUの条約

欧州経済共同体はヨーロッパに巨大な商業共和国をつくり出すための経済手段に集中していた。必然的に、これは、共通の市場を確立し強固にする一助となる、中核の経済的「自由」の保護も意味していた。これには例えば労働者の移動の自由（欧州共同体条約第四八～五一条）も入る。これらの経済的自由を一般的な人権の規定の下に組み入れるのは理論上可能である。しかし、当初そのようなことは考慮も意図もされていなかった。

一九五〇年代後半のローマ条約（欧州経済共同体）の草案策定時、人権の達成が共同体の目標として付け加えられるべきかという議論があった。そうなれば障害差別に関する立法を成立させる明確な法的根拠ができたであろう。しかしながら、様々な政治的理由から、加盟国は機能統合に向けての経済手段に集中すると決めた。したがって、欧州共同体の真の目的は人々の統合であったにもかかわらず、目標達成手段として、経済にのみ集中した。条約の狭義の視点からすると、文章化されていない目的よりもその目的の手段の方がより重要となった。

純粋に制度的な意味からすると、欧州共同体は欧州評議会と対照的である。競争的利益を維持したいという各国の自然な衝動を未然に抑えるため、欧州共同体は一般的な「欧州の公益」という考え方を主張する制度―欧州委員会をつくり出した（条約第一五五条〜第一六三条）。委員会のメンバーは加盟国によって選出されるが、独立の権能をもっている（条約一五七条1）。加盟国から独立した自治の保障に加えて、委員会には唯一の（そして羨望のまなざしをもって守られている）立法提言の特権がある。どの条約が法的根拠になっているかによるが、ここからの提言が欧州議会に直接提出され（一九七九年以降、ヨーロッパの人たちによって直接選出されている）、最終的には、（加盟国の関係大臣によって構成されている）閣僚理事会で採択される。ルクセンブルクにある欧州裁判所は条約の解釈と適応について任されている（条約第一六四〜第一八八条）。この裁判所は同じストラスブールにある欧州人権裁判所と混同されるが、これは欧州評議会の条約（欧州人権条約）のみの解釈を取り扱う。同様に、共同体内の課題別の公式・非公式の集団は影響力のある報告書を頻繁に発行している。このなかには例えば、欧州議会のなかの非公式グループが障害権利課題を扱ったというのもある。

これらすべてがヨーロッパの豊富で（困惑させないにしても）多層にわたる統治のもととなっている。加盟国に法の権能が委ねられている場合もあるし、共同体と共有する場合もあるし、あるいは共同体に委ねられている場合もある。一九九七年のアムステルダム条約（訳注：欧州内の社会政策、司法・警察の協力関係、外交政策の強化と統一を定めた条約。性別・人種・民族・障害などによる差別撤廃政策も一応盛り込まれている。詳細は後述）まで、障害事項は加盟国の特権事項だった。しかし、後の説明からもわかるように、これはもはや通用しない。

欧州共同体と欧州評議会の大きな違いは、欧州共同体の場合、閣僚理事会の指定過半数によって（直接選挙による欧州議会との協議も経て）、欧州委員会の立法提言が採択されれば、その法律は加盟国それぞれのどの法律よりも上位となるという点である。これには各国の憲法規定も含まれる（「共同体法の最優位性」論）。欧州共同体の法律には二つのタイプがある。直接的自動的に効果をもつ規則と、加盟国に法律実践やその準備（通常三年から五年前にとりかかる）に関する裁量を委ねる指令である。

欧州共同体の根底をなす条約は何回も見直されてきた。加盟国は定期的に政府間会議（ＩＧＣｓ）という場で定期的に改訂の議論をする。これは共同体機構とは別のものである。この積み重ねが欧州共同体の「憲法秩序」を生んだ。

政府間会議の一つの成果が一九九二年のマーストリヒト条約である。これによって、欧州連合（EU）と呼ばれる世界の新たな舞台が法的に確立された。単純に言えば、欧州連合は三つの分野をカバーして機能する。(1)経済事項に特化した既存の欧州共同体（条約）、(2)法務と内務、(3)共通の外交・安全保障政策。(1)は超国家的権能を含む。あとの二つは、欧州評議会と同様、政府間というベースで動く。(1)だけが障害に関係する。

他の条約同様、マーストリヒト条約は国内法に調和して批准されなければならなかった。デンマークはこれに反対（このため実施が遅れた）、フランスももう少しのところで反対しかけた。これには二つの理由がある。まず欧州共同体が市場に没頭し、人々を忘れていると見られていたからだ。つまり欧州共同体あるいは連合における、人間の顔が完全に未発展だったのだ。これが社会的ヨーロッパと経済的ヨーロッパの不均衡を生んでいた。第二に、ヨーロッパ全土で失業率が高いにもかかわらず、欧州連合が積極的にかかわれる具体的な権能がなく、多くの一般市民は特にこの点に大きな怒りを抱いていたからである。

c　効力の弱い初期の条約内の人権条項―「共同体法の一般原則」の障害関連における重要性

共通の市場創出のための格別の権力が（EU本部のある）ブリュッセルに与えられたが、同等の権限は、人権のためにはつくり出されていなかった。欧州共同体条約第一〇〇条aは、欧州連合に対して、アメリカ憲法第一条(8)(3)の連邦政府州間商業規定と全く同等の規定をしている。がその一方で、アメリカ憲法修正第一四条にある法の下の平等と同等の規定はされていない。ここに大きな格差が生まれている。障害をもつアメリカ人法（ADA）では、憲法がその根底にあることを示すことからも、州間商業規定と修正第一四条の両方を引用している。アメリカ連邦政府が民間セクターに入り込むことを可能にさせた（州間商業規定）権力と、平等の義務の分かち合いは、つい最近まで欧州連合ではあり得なかった。

欧州連合の人権領域に関する役割に関する近年の報告書と同等に、すべての人たちは、連合がもっと人間的な顔をもつべきだと強く主張している。連合が障害政策にしだいに興味をいだくようになってきた背景には、連合がもっと人間的顔をもち、人権一般にかかわるべきだという一般の抗議がある。共同体が人権の尊重を含む一般原則に拘束されるべきであるという考えは、一九六〇年代、欧州裁判所と各国憲法裁判所の間で起きた「縄張り争い」以降始まった。基本的に欧州裁判所は共同体法の最優位性、各国の憲法にも勝る優位性を強く主張した。共同体の法秩序のため、そして、各国の裁判所で共同体法の解釈が本来は同等であり得るところがばらばらになってしまうということにならないように、これは必要とみなされた。ある意味では欧州裁判所はマーバリー対マジソンの結果（訳注：アメリカ憲法が国内の最高法規であることを連邦裁判所が主張した判例）を達成しようとしているのと同じことだった。

このような結果の大きな問題は、欧州経済共同体の最優位性の認識が各国の憲法で保護されている人権を無効にすることにつながらないかという懸念だった。これを緩和するため、欧州裁判所は、欧州経済共同体が「共同体法の一般原則」に拘束されるものとした。この原則のなかには人権の尊重も含まれている。裁判所は共同体設立条約のもとでこのような行動をとる義務はなかったが、市場統合事業を維持するためにはこれも必要不可欠であるという認識にせまられた。欧州裁判所が用いた方式は、共同体法の一般原則が、EC加盟国に共通の憲法的伝統の構成要素になっており、かつ、その伝統を肯定している限りにおいて、共同体の一般原則を取り入れるというものである。

不運なことに障害分野の一般原則はかなり限定された内容である。大半のヨーロッパの憲法が障害に基づいた差別を禁止していないため、本来ならすばらしい効力をもつであろう法的武器も障害のある人にとってはそれほど利用価値がない。実際、欧州裁判所が最も参考にしたのは欧州人権条約であり、この一四条の効力の弱さからすれば、より少しのものしか期待できない。

障害のある人の現実的な変化は今ある条約の改定を通じてなら実現されるだろう。このような改正に未着手のままでいるなかで、改革は変則的な領域——つまり欧州連合社会政策——からもたらされなければならないだろう。多くの障害NGOが社会政策自体が問題であり、解決ではないと認識しているという意味から、変則的なのである。

2　一九八〇年代における欧州連合の障害政策

a　欧州連合の障害政策の初期基盤としての社会政策領域

欧州共同体条約は障害の課題を主張するためには貧弱な根拠を提供している。障害がもっともらしくとりあげられているのは「社会政策」に関する部分である（第一一七条～第一二五条）。実際、障害は当初、欧州連合の社会政策との関連で認識されていたが、この社会政策というのはかなり特殊だった。

本質的にこれはたった一つの共通市場創出という側面を扱っていた。したがって、一九六五年の欧州共同体条約は労働者の自由市場入りを可能にさせる必要性の社会保護に集中していた。それは労働者の自由な移動に焦点をあてた。二つの差別禁止条項はあるが、実際の差別救済にはほとんど役に立たないとわかっている。

欧州共同体条約第六条は、加盟国以外の国籍保有者の扱いに関して差別を受けない権利を保障している。これはもしある国、例えばA国が自国の障害者は好意的に取り扱う一方、国内に合法的に住んでいる他の欧州連合国からの障害者に同じ扱いをするのを拒否した場合に適応される。A国で障害政策が発展していなければ、これはあまり役立たないということもあるのに加え、加盟国間で移動する障害のあるヨーロッパ人のごく一部にしか適応されない。

欧州共同体条約の第一一七条は男女の同一労働同一賃金の権利を保障している。これはフランス政府が国内の高い労働水準を維持したいという希望から盛り込まれた。ドイツのこの領域の法律は全く反対である。一一七条は障害のある女性が障害のある男性とは違う扱いを雇用者から受けた場合のみ有効である。多くの雇用者（公共も民間も）が障害のある男性も女性も等しく不公平に扱っているので、この一一七条は障害に関しての主張をもちえない。

いずれにしてもこれらの二つの差別禁止はより広範で深遠な平等条項のもとに組み込まれたわけではない。その結果、欧州共同体のもとでは、年齢や性的指向、障害などの属性に基づいた差別（直接的であれ間接的であれ）に対する一般的禁止規定がなかった。もちろん、共同体法の一般原則からこのような禁止規定を作り出すことは理論上可能だったが、欧州共同体条約の明確な規定に対しては非常に弱々しい代用品でしかなかったと言える。もちろん、欧州社会基金は障害分野における人材育成に大きく貢献したが、差別禁止の考え方とは完全に区別されるものだった。

要約すれば、ヨーロッパ共同体条約においては、障害に基づいた差別を禁止する法的拘束力をもつ規定がなかったため、たくさんの指令、例えばエレベータの設計に関しての指令などで障害のある人のニーズを無視しても、批判を浴びる根拠を与えなかった。

b　その後のヘリオスプログラム

欧州共同体条約の第二三五条は、閣僚理事会に対して共同体がかかげる広範な目標内であれば、あらゆる措置を採択してかまわないとしている。が同時に、これに関しての具体的な権能を明記した規定は条約のほかのどこにもない。しかしながら、二三五条が効力をもつためには理事会全会一致による合意が必要である。そうでなければ単なる多数決で条約内容が拡張するからである。

第二三五条は、社会問題領域の障害を取り扱うプログラムの開始に使われた。これは当初一九八一年、国連・国際障害者年への共同体の対応として創出されたが、その後独立した事業になった。実際、八〇年代初期以降、欧州委員会は、DGV（今DG雇用社会問題とよばれている）内に特別部門を設け、障害者の社会統合を取り扱った。

障害領域に関しては三つのプログラムが今まで行われてきた（訳注：これらの三つは、共同体が採択した三つの決議に基づいているが、そのうち一九八八年、九三年のプログラムが「ヘリオスプログラム」と呼ばれている）。主要な成果（これがもともとの目的ではなかったが）はヨーロッパのNGOを元気づけたことだった。このプログラム以前は、たくさんのNGOは国境を越えたつながりをつくらず、ある特定の障害に特化したNGOは他の障害に関するNGOとは対話していなかった。ヘリオスプログラムは、そのような精神構造を開放するのに最低でも貢献し、ヨーロッパ内での機会均等・差別禁止モデルの重要への道筋を整えた。今やヨーロッパ内の主なNGOは、ブリュッセルに本部をおく、障害のあるヨーロッパ人フォーラム（EDF）と関係を築いている。九三年以降、EDF（あるいは関連NGOの連合体）は、毎年「ヨーロッパ障害者の日」の準備の一翼を担っている。この日には毎年異なるテーマが設定される。

第二ヘリオスプログラムは、継続に関する全会一致が得られないだろうとわかった一九九六年末に終結した。ある意味で、土壌をつくったという仕事を成し遂げたのであろう。あらゆる分野での良質な実践の記録も含むたくさんの文書を作り出し、これらは欧州連合レベルの障害に関する考え方と政策の進化に多大な影響をおよぼした。

c 閣僚理事会による障害のある人の雇用についての勧告（一九八六年）

閣僚理事会は一九九七年のアムステルダム条約まで、障害分野の法的措置に関する形式的な権能をもっていなかったが、このことが、法的拘束力のない勧告や決議を採択することを止めるものではなかった。その一例が八六年の「共同体内の障害者雇用」に関する勧告である。これはとりわけ加盟国に以下を要求している点で興味深い文書である。

「雇用と職業訓練の障害者の公正な機会促進のための適切なすべての措置を講じること……。」

積極的な行動の枠組みガイドラインが付け加えられた。

d　子どもと青少年の通常教育制度における統合についての閣僚理事会決議（一九九〇年）

もう一つの決議は、一九九〇年五月三十一日、教育のメインストリーミングについて採択された。この中で加盟国は以下に同意した。

「すべての適切な事例において、教育のメインストリームへの統合は第一の選択肢として考えられるべきである。そしてすべての教育施設や機関は障害のある生徒と学生のニーズに対応すべきである。」

しかしながら一九九二年にいたるまで、前進はほとんど見られなかった。根本的な問題は教育が加盟国の独占的な権能であった（これは今でもである）からで、連合が要求できることには限りがあった。

3　一九九〇年代における機会均等／差別禁止モデルへの移行

a　移行へのいとぐち

i　社会政策の再形成――社会福祉から積極的市民権へ（一九九二年～九四年）

欧州連合の社会政策は九〇年代初頭、改正を念頭において、欧州委員会によってかなり文言が言い換えられていた。当時あまり意識があったわけではないが、障害課題には合致した。

社会政策の変更を最初に促したのはいわゆる「欧州社会秩序」の財政的な有効性であった。財政問題によって、社会政策の本質とその目的の再構築をせざるを得なかったのである。基本的に欧州委員会は、社会政策を積極的な市民としてのエンパワメントという側面から練り直すこととなった。積極的な社会政策は、市場経済の「生産的要因」及び公正な社会の「市民化要因」として擁護された。

当時草案化された関連の政策文書は障害について具体的に言及している。社会政策の未来に関する緑書（一九九三年、訳注：議会などでの議論の材料とするための資料的文書）の注目すべきパラグラフで、委員会は以下のように述べている。

「社会隔離は、適切な収入と特別な給付があったとしても、人間の尊厳に反し、社会連帯と地域社会の連帯意識を腐食させるものとなる。特別な施設や法的権利が必要なのは自明の理であるが、これはメインストリーミング原則の阻害や代替するものになってしかるべきでない。」

一九九三年にしてはかなり思い切った主張だった。九四年白書はさらに踏み込んでおり、以下のように記している。

「障害のある人は集団として、完全な経済的社会的統合を阻む広範な障害物に直面していることは疑いようもない。したがって連合の政策において機会均等の基本的な権利を確立する必要がある。」

委員会が、公民権の維持という視点から社会政策を練り直す方向に向かっていることは明らかだった。これは障害に関してかなりの配当をもたらしたと言えよう。

ii　欧州委員会と閣僚理事会による機会均等・差別禁止モデルの採用

一九九四年白書は欧州委員会が「国連・障害者の機会均等化に関する基準規則を支持する適切な文書を準備する」ことを約束していた。委員会はこれに対応して、九六年画期的な政策声明を発行した。この中で国連・基準規則の権利に根ざした視点への献身を明らかにしている。九六年後半、閣僚理事会はヨーロッパ全体として機会均等アプローチの追求に身をささげると、同様に豊かな内容の決議を採択した。これまで加盟国それぞれが国連制度の中で各々同意していたことだった。

これによっていくつかの積極的な動きがみられた。まず委員会は障害課題を委員会の政策立法過程に「メインストリーム化させる」(再起動)目的をもった作業部会を確立させた。また、加盟国のハイレベルの代表による障害課題についての部会をつくり出した。信じられないかもしれないがこのような機関は今までなかった。障害のある人の機会均等実現の方法について意見交換するのがその目的だった。三番目の行動は「社会パートナー(EUの労働組合と雇用者)」による今までにない注目を促した。

最も前向きな成果は機会均等・差別禁止モデルが正しいか否かという議論がもはや不要になったことである。委員会は以降、メインストリーミングに関する詳細な計画を採択し、示唆に富んだ雇用政策をもって加盟国を刺激しつづけている。

iii　障害差別領域における一般的かつ特化された条約の変化についてのNGOの議論

一九九〇年代後半は、差別条約内の一般的な人権条項の欠落、とりわけ障害に基づく差別に取り組む権力の欠落を主張するのには理想の条件を提供した。欧州連合の経済課題は、九二年の内部市場の完結と九九年の経済通貨連合の到来と共に当然の終結を迎えた。したがって連合がもともとの政治的な基盤に立ち返るか、より人道的な懸念に前向きに取り組むかが自ずと予想された（これは連合の進化をどう解釈するかにもよる）。

全面的な変化の準備は整っていた。ヨーロッパのNGO（一般的と障害に特化したNGOの両者）はこの好機をとらえ、四つの苦情をもたらした。まずは条約に一般的人権条項を組み込む必要性と、人権を継続的に尊重していない加盟国の特権を停止する権力の創出についてであった。

二番目には既存の差別禁止条項をより広範にし、深化させることで、⑴労働市場以外にも適応させること（例：教育、交通）、⑵規定により多くの集団（障害のある人を含む）を組み込むことを主張した。EDFによってこれらの障害に特化した詳細にわたる議論が、アムステルダム条約の交渉にいたるまで展開された。この間のEDFキャンペーン文献はかなり説得力がある。基本的にEDFは欧州共同体条約第七条がより広範な差別を扱って、法的にきちんと施行されるべきだとの立場をとっていた。この主張に密接に関係していたのは、障害のある人のニーズがすべての関係する提言に組み込まれるよう第一〇〇条a（内部市場の調和の法的根拠）を改正すべきという主張だった。

三番目の苦情は、欧州連合事務局がNGOや市民社会に財政支援を提供する権限を授与するためのより明確な法的根拠の確立だった。四番目は欧州共同体条約に適法性を取り扱う新たな雇用の規定を追加すべきという懸念だった。

b　条約にみられる移行：アムステルダム条約（一九九七年）

i　ウエスタンドープ・リフレクション・グループの報告

政府間評議会（IGC）で公式な交渉が開始される前、加盟国は交渉の基盤整備のためのハイレベル・リフレクション・グループをつくった。このIGCリフレクション・グループ（議長にちなんで、後にウェスタンドープ・グループと呼ばれた）は障害NGOの主張を支持した。反対意見は一つだけだった（当時の英国保守党政権）。

ii　アムステルダム条約の前向きな発展——障害分野の差別禁止についての第一三条

アムステルダム条約によって欧州共同体条約に、新たなそして非常に一般的な人権条項が追加された。この中身にはここでは触れないでおく。人権尊重は今や連合の基本原則の一つとなり、人権を絶えず侵害する加盟国の特権を剥奪する新たな機構も機能するようになったと言えば充分であろう。それでもなお、侵害の主張が成り立つためには、事実の証明に関する高い基準を満たさなければならない。

ヨーロッパの障害NGOによる基本的な主張（例：EDFを通じて）は、一般的な差別禁止規定――裁判所による施行が可能で、差別事由として障害を明記している規定――であった。交渉の加盟国はこのような規定の必要性を受け止めた。しかし、最終的に決定された規定（第一三条）は欧州理事会全員一致の決定によって、障害を含む差別と闘うための行動を起こす可能性をつくり出しただけだった。

明らかに第一三条は次の政府間評議会で議論されるべきだろう。これは東欧の新しいメンバーの加入後のしかるべきとき（四、五年後）に行われる。それでもなお、一三条には大きな意義がある。と言うのは、これによって初めてヨーロッパの各国政府が障害のある人に対する差別を認識したからである。第一〇〇条aの調和に関する障害関連の主張も政治的に受容された。しかしながら、最終的な文言はかなり効力が弱いものになっている。宣言がアムステルダム条約に追加され、連合条約の第九五条（以前の第一〇〇条a）となった。

「欧州共同体設立条約の第九五条に基づいて立案するにあたって、共同体の機関や組織は障害のある人のニーズを考慮するということにこの会議は同意する。」

アムステルダム条約の弱点は市民社会のNGOの役割を認めず、そのための社会行動プログラムの採択の法的根拠を提供しなかったことである。この点に関しては多くが気落ちした。興味深いことに、障害は社会的な排斥に関する規定の草案には含まれていたが、アムステルダムの交渉で取り除かれた。費用に対する懸念がその明らかな理由だった。

アムステルダム条約は欧州連合条約に全く新たな雇用規定を追加した。第一二五条（以前の一〇九条n）の一部は加盟国と共同体が雇用、特に熟練し、訓練を受け、適応可能な労働力のための調整戦略発展に向けて作業を進めることを明記している。

「加盟国は第一二六条2（以前の第一〇九条o）に基づいて、雇用推進を共通の懸案事項として考慮し、理事会の権限内で行動を調整しなければならない。

共同体は第一二七条1（以前の第一〇九条p）によって加盟国とその活動を支援、あるいは必要であれば補完することを奨励することによって高いレベルの雇用に貢献すべきである。」

要約すれば、アムステルダム条約がとげた飛躍的な前進は障害のある人に対する差別があるという認識をしたということである。初めて、障害のある人が条約の文言に登場した。一般的な平等と差別禁止条項規定に向けて貴重な足がかりになったことは言うまでもない。マーストリヒト条約のように、アムステルダム条約は、連合に新たなメンバーが加入したとき見直されなければならない。そのとき、障害NGOに対して、今後数年あれこれ思案できるような計画を与えなければならないだろう。

c　障害のある人のための機会均等と差別禁止モデルを実現させる

差別にたちむかう

i　第一三条（雇用関連障害差別禁止）についての指示に対する委員会の提言

一九九九年十一月二十六日、アムステルダム条約第一三条に基づいて、欧州委員会は差別禁止に関する二つの指令を、欧州理事会に採択を求めて提出した。これらの指令は二〇〇〇年六月と十一月に理事会によって採択され、国内で反対の内容の憲法があるなしに関係なく、加盟国に対して拘束力をもつことになるだろう。理事会での採択には全会一致が必要条件であると第一三条で定められているので、この決定はかなり大きな意味をもつ。それぞれの指令に基づいて各国が国内法を整備するのに一定の準備期間が与えられている。

最初の指令は人種という事由のみをカバーしているが、雇用、教育、文化活動、そして商品とサービスの提供まで領域を広げている（第三条）。二番目の指令は第一三条にあるすべての差別事由をカバーしているが、ジェンダー（これに関しては欧州共同体条約第一一七条でたくさんの指令が出ている）と人種（すでにこの問題に特化した指令が出ている）だけが例外になっている。またこれは雇用だけを取り扱っている。

ということで二番目の指令には障害が含まれている。これは障害のある人（やその他の集団）に対する直接差別だけでなく間接差別も禁止している。第二条2(b)は間接差別について、以下のように記している。

「みかけは中立的な規定や基準、実践が特定の宗教をもつ人や、障害のある人、特定の年齢や性的指向をもつ人を他と比べて不利益な立場に追い込むという状況。ただし例外は：

その規定や基準、実践が合法的な目的によって客観的に正当化され、目的達成手段の方法が適切かつ必要なものであるか、

特定の障害のある人に関して、雇用者あるいは個人、団体が、この指令に基づいて、国内法のもとに、そのよ

うな規定や基準、実践が生じる不利益を撤廃するために、第五条の原則に一致した適切な措置を講じる義務を負っている場合である。」

第五条は「合理的配慮」の原則を以下のように説明している。

「障害のある人に関する平等な取り扱いの原則に準じて、合理的配慮が提供されるべきである。これは雇用者が必要なときに、適切な措置を講じなければならないということであり、これによって特定の障害のある人が、雇用やその訓練にかかわるアクセスや参画、前進をきちんと実行できるようにすることである。ただし、このような措置が雇用者に関して不相応な負担をもたらす場合はこの限りとしない。この負担は関係加盟国の既存の障害政策の枠組み内の措置によって十分に救済されていれば、不相応とはみなされない。」

指令草案の説明覚書はこれを以下のように拡大している。

「本質的に、この概念（合理的な配慮）は、個人の能力が機能するように障害に対して合理的な許容がなされなければ、平等な扱いの達成も現実化されないという認識から発生している。この合理的配慮に関しては、仕事で本質的な機能を達成できない個人に義務を負わせるものではない。配慮義務は二つの側面から限定されている。まずこれは合理的であるもののみに通用する。第二に多大な苦難をもたらしたときのみに義務は限定される。」

この指令はすべての加盟国が不利益を予防し埋め合わせるための措置（例：積極的措置）を維持するか採択する権利を偏見なく記している。

委員会はまた、この二つの指令を補完する潤沢な資金をもった連合行動プログラムを提案した。目的は、①差別課題の理解改善、②対象となる活動の能力開発、③差別に対する闘いを基本にした価値と実践の推進と普及（第三条）である。目的達成のために国際ＮＧＯや（ジェンダーと人種は除いた）特定の差別事由にかかわる主要な機関や人物をかかわらせることも提案している。この委員会の行動計画の下に、二つの法律専門家のヨーロッパネットワークが形成された。一つは人種差別について、もう一つは障害差別についてである。その他のネットワークは二〇〇二年に確立される予定である。障害差別ネットワークはアイルランド（ギャラウェイ）国立大学法学部障害法政策研究部のジェラルド・クィン教授の指導下にあり、障害権利教育擁護基金（ＤＲＥＤＦ、訳注：アメリカのＮＰＯ）から数人の参画を得ている。このネットワークは原則と実践シンポジウムを主催し、本論文もこの会議の依頼による。このネットワークは欧州連合加盟国対象に、障害差別立法と実践に関する基本的な研究を二〇〇三年冒頭までに作成することを目的としている。五年間の行動計画が現在策定されている。

雇用において均等な機会を増大させる

ii　障害のある人々のための雇用状況のシステマチックな評価

アムステルダム条約によって採択された欧州連合の新たな雇用規定は、法的拘束力を授与されているわけではないが、興味深い方法で施行されている。本質的に委員会と閣僚理事会がガイドラインを準備し、加盟国はそれによって雇用政策についての報告をまとめなければならない。一九九七年十二月十五日、各国元首により、当初のガイドラインが公式に採択された。これは以下の四つに分かれている。

雇用可能性の拡大
起業家の開発
事業や労働者間での適応性の奨励
機会均等政策の強化

障害は四番目の機会均等においてはっきりと明記されている。関連部分(IV)は以下のように記している。

「―加盟国は
―障害のある人が労働生活において直面する問題に特別の注意を払うであろう。」

ガイドラインに基づいた国内行動計画が策定され、一九九八年四月初めに提出された。以降これは毎年提出されている。障害のある人の雇用に関しては加盟国が開発した雇用戦略についての豊富な情報資源がある。様々な国内行動計画の詳細について分析を加えた委員会の報告書は以下のように記している。

「すべての加盟国は労働市場のメインストリームへの障害者の参画を推進するための広範な措置を実践している。失業者対策に、障害のある人が初期段階に組み入れられている場合は少なくないが、優先順位をどこにおくかは国によってまちまちである。障害のある人に対する措置の中には差別禁止法、割り当て制度（法定雇用率）、リハビリテーションと職業プログラム、給料補助、補助手段取得補助、障害のある人に影響を与える偏見に対する情報や意識向上キャンペーンが含まれている。」

最新ガイドライン（一九九九年、各国元首によって採択）は、雇用の項で障害を取り扱っている。「すべての人に開かれた労働市場の推進」という題名がつけられ、関連部分は以下のように記している。

「たくさんの集団や個人が、労働市場において、関連の技能を習得することや、仕事を得ること、仕事を維持するのに特定の困難を抱えている。このような集団や個人を労働の世界に統合するのを推進し、差別と闘う一貫した政策が求められている。各国は以下の事柄を行うであろう。

9　不利益を被っている可能性のある障害者や少数民族、他の集団や個人に対して特に留意し、予防策と労働市場への統合を推進する適切な政策を策定する。」

最近欧州委員会が、いくつかの異なる「社会から排除されている集団」を合体させたガイドラインの新しい草案を策定した。

雇用へのアクセスによって差別とたたかい、インクルージョンを推進する

たくさんの集団や個人が、労働市場において、関連の技能を習得することや、仕事を得ること、仕事を維持するのに特定の困難を抱えている。このような集団や個人を労働の世界に統合するのを推進し、差別と闘う一貫した政策が求められている。

「各国は以下の事柄を行うであろう。

—効果的な予防策と統合推進政策によって構成されている道筋をたてる。

—労働市場や教育、訓練へのアクセスにおいて、障害……などの事由に基づいた差別を認識しそれに対して闘う。

—障害者の労働市場への統合に関するニーズに合致した適切な措置を講じ、この目的のための国内目標を定める。」

このガイドラインの下、閣僚理事会は政策が不適切と思われる加盟国に具体的な勧告を出すことができる。「判例」とも呼べる障害に関する事例がこれから出てくる可能性は大である。障害政策領域においてはずみをつけるきっかけをもたらしているという意味で、この雇用規定はかなり役立っている。国内行動計画もまた、ヨーロッパ全土の障害のある人の雇用状況の現況についての情報源としてかなり有効である。

iii　情報化社会ツールへの平等なアクセスの創出

障害のある人々のための情報化社会のアクセスにおける

機会均等政策提言

ヨーロッパはアメリカに比べると情報コミュニケーション技術（ＩＣＴ）——情報化社会の道具——が障害のある人にもたらす解放的可能性を認識するのがだいぶ遅れた。欧州委員会は、ハイレベル専門家部会を設立し、このきたるべき革命における欧州連合の社会政策の未来についてあれこれと考えさせた。一九九六年の中間報告で、この集団は障害者を不利益を被っている存在とし、以下のように記した。

「サービスへのアクセスや自分のケアについての問題に直面している多くの人たちにとって、ＩＣＴは生活の質向上と自律にかなり貢献することができる。」

専門家部会は個人の解放というよりもアクセスの側面からこの問題にアプローチしているようである。最終報告書ではＩＣＴによって増大する社会からの孤立の危険性に言及し、「社会から排除されている人たち」が忘れられることのないように行動を起こすための提言を付け加えている。

欧州委員会は九六年、情報化社会緑書を発行した。とりわけＩＣＴの可能性については以下のように記している。

「地域社会での自立生活を促進し、アクセスと参画、社会経済統合へのあらたな可能性を開く助けになることで、高齢者と障害のある人の人生の質を向上させる。」

委員会はそれから一九九八年に白書を発行した。障害のある人のＩＣＴアクセスに関してはより前向きな内容で、障害について別立ての章が組み込まれた。委員会のこの領域における獲得目標は「情報化社会における障害のある人のアクセスと完全な統合を推進すること」だった。白書は加盟国にいくつかの「行動」を提起した。このなかには業界やＮＧＯとの協同も含まれている。事実、九八年十月（マドリッドにおいて）、欧州委員会が、アメリカ合衆国大統領障害をもつ人の雇用委員会とともに、このテーマに関する環大西洋会議を組織化した。

その後二〇〇〇年一月まで進展はなかったが、欧州委員会の新しい議長、ロマノ・プロディ氏が突然、「*e*ヨーロッパ：すべての人のための情報化社会」という通信を発行した。興味深いことに、そして注目すべきことに、「障害者の*e*参画」という文章がこの中にある。今回はサービスについてのアクセスでなく、以下のように記している。

「デジタル技術における発展は障害のある人が直面する障壁（社会経済上の、地理的な、文化的な、時間上のなど）を克服する広範囲な機会をもたらしている。障害のある人の個別のニーズに対応したアクセス技術によって、社会生活や労働において均等に参画できるようになる。」

この通信によっていくつかの重要なターゲットが定められ、この中には障害のある人のインクルージョンを確保する立法と基準の評価や調達政策についての加盟国への勧告、ホームページのバリアフリー化も含まれている。

二〇〇〇年三月の閣僚理事会会議において、理事会と委員会はこの課題についてさらに議論を深めるため、「行動計画」を準備すべきだという結論に達した。議長の公式結論には障害への言及がみられる。

行動計画策定準備のため、議長と委員会は二〇〇〇年四月十日～十一日にかけて、知識と情報化社会に関する閣僚会議をリスボンで開催した。ここで初めて、閣僚会議レベルでこの課題が協議され、「特別なニーズをもつ市民」についてのシンポジウムがアメリカから多数の参加を得て開かれた。

一般的展望に関しての行動計画草案が、二〇〇〇年五月欧州委員会によってしかるべく準備され、同年七月のポルトガルでの閣僚理事会で考慮された。「行動の数々」の中には以下が含まれている。

・ICTアクセスのために「すべての人のためのデザイン」を発行。これは特に障害のある人の雇用拡大をめざす（二〇〇二年末までに発行）
・アクセスガイドライン遵守を確保する立法と基準の評価
・ウェブ・アクセシビリティ・イニシアチブのW3Cを公共のホームページのガイドラインとして採択する
・すべての加盟国に公共のアクセスポイントを設置する
・すべての人のためのデザインにおけるすぐれた作品を国立センターのネットワークづくりとこの課題についてのヨーロッパカリキュラムの創出

一方、（もともとeヨーロッパ通信にあった）公共調達政策に関する提言策定への言及は途中で放棄された。

情報化社会へのアクセスの課題は今後より重要な意味をもつであろう。この分野では障害の視点が最初から組み込まれている（完璧でないにしても）ことに注目すべきである。これは機会均等モデルが広範な政策領域にわたって力を発揮してきたという証拠でもある。アメリカとヨーロッパのさらなる政策意見交換が今後最も有益と思われる。

新しい欧州連合人権イニシアチブとの適合度・欧州連合人権憲章草案と障害

アムステルダム条約が連合内での人権の地位を向上させたと言っても、人権のカタログ化はされなかった。興味深いことに、一九九九年のドイツの議長が欧州連合人権憲章の草案化を提案した。政府代表（欧州議会と各国国会、そして連合の機関代表）によって構成された特別機関がこの憲章草案に着手し、二〇〇〇年十二月理事会採択をめざして準備を続けている。この憲章が法律上どのような位置付けになるのかは未だ不明である。だが、たとえそのような位置付けがされなくても、憲章は欧州裁判所にとってインスピレーションとなるであろうし、条約に権利章典を追加させるきっかけとなるかもしれない。

憲章は現時点で第二次草案の段階にある。その二四条は障害について扱っており、以下のように記している。

「24　障害のある人には、自立を確保し、社会的職業的統合と地域社会への参画を保障する措置から利益を得る権利がある。」

明らかに欠陥のある文章である。社会サービスモデルが相変わらず力を誇っていることがわかる。それでも、このような世間の注目を浴びる文書に障害が言及されたことは、この課題がついに政策のトップレベル、無視できないところまでにたどりついたことを意味している。現時点では、このことが真の意義である。今後数年の間に、連合の憲法に条約が組み込まれるかどうか様々な臆測が飛び交っている。その場合、真の戦線が引かれる機会がまた訪れるだろう。

三　結論　障害のあるヨーロッパ人法制定の展望

明らかに、ヨーロッパ統治制度は複雑である。法律上の権能は二つの異なる機構と各加盟国によって共有され、すべての当事者がたえず弁証法的な対立過程にかかわっている。がその一方で、障害の課題が国より上のレベルに表面化してきたことは新しくまた、勇気づけられる要因である。

欧州評議会は、人権あるいは機会均等のアプローチを採択し広めようとしてきた。この機構が、基本的な人間の価値と人権にかかわるところであるとすれば、このことは容易に期待できる。不運なことに、その主要な武器――欧州人権条約――には依然として、真の意味ある条項が、一般的な意味でも障害という領域に限っても欠落している。欧州評議会内のミスマッチがあるとすれば、それは、保健社会政策領域の部分合意枠組みの下で行われたすばらしい取り組みと、以前から継続している人権文書と機関に関する活動である。換言するならば、欧州評議会がその広範な作業範囲の中に障害課題を組み入れられるまでの道のりはかなり長いと言わざるを得ない。

原則に忠実であるだけでは足りないということを、我々はアメリカの経験から学んだ。原則だけでなく、真の変革をもたらす力との融合が必要である。欧州評議会にはたくさんの原則があるが、力はほとんどない。その全く逆のことが欧州連合にあてはまる。連合は今や、人権尊重を含む基本的原則を基盤に存在していると言われている。新しい超国家的法律権限が与えられ、障害差別などの様々な差別に対して闘うことができるようになった。そして欧州委員会は、雇用に関する立法提言にはかなり前向きであるようだ。この権限の明確化と純化のためには条約の改正が必要であるが、今よりたくさんのことができるはずであるし、そうなるべきである。

もし欧州連合が機会均等モデル全体の発展に資することができるとするならば、今までの伝統的な（医療を含む社会支援に重点を置いた）「欧州社会モデル」との和解が必要である。人々が市民として公正な位置に存在するのを可能にする充分な実践的支援のもと、形式的自由が、現実の自由に転化されなければならない。これはアメリカと欧州連合の両方が抱える課題である。

第三部　最近の傾向と未来の展望

第一部と二部の分析からどのような結論を導くことができるのだろうか？　我々には五つの点が意義深く思える。

まず、観念の戦争はもう終わった。人権へのパラダイムシフトはもはや全世界的現象である。大半の国々が障害を人権課題としてとらえるようになった。このモデルの理解や取り組みが国によってばらばらであることは認めざるを得ない。しかし、しだいにこのモデルが浮上してきていることは動かし得ない事実である。国連基準規則の倫理的な重みによってこのシフトが合法化されることが促進され、ADAによって、変化が可能であることと、障害者個人だけでなく地域社会にとっても有益であることが力強く示された。障害権利運動により幅広いメッセージがあるとすれば、それは、市民権とは、生活のあらゆる側面に対する均等で効果的なアクセスをもつことであると伝えたことである。

第二に、観念のレベルでこのパラダイムシフトを認めることと、それを現実化することは全く別問題だということである。差別禁止法の比較によって、多様な法律上のアプローチがあることがわかった。障害のある人と同じように世界も多様である。しかし、この多様性のなかにおいても、鍵となる考え方がある。最善の法律は、社会的、経済的、そして公的なスペースを障害という違いに対して提供している。つまり、厳密に同一の取り扱いは障害のある人に圧倒的な不平等をもたらすという認識がなければならないという認識が必要なのである。さらに、この不平等は障害の違いに対する配慮がなければ解決されない。ADAの卓越した実績はここにある。この決定的な配慮の要素が、効果的な立法には浸透している。さまざまな法律文化の下に存在する人々に対して、この概念の本質と実践について教育を提供しなければ、法律もその目的を達することができないのは明らかである。

第三に、欧州評議会や欧州連合のような地域機構が、この信念に基づく戦いの強力な実戦部隊として機能し得るという点である。地域機構なら、各国の立法機構が、機会均等と人権モデルを受け入れることを促進できる。そして権限内で、違いをもたらす措置を採択できる。変化をめざしたどんな戦略もこのような地域機関の（触媒的あるいはそれ以外の）役割をきちんと考慮しなければならないし、自らがもつ法律上の、あるいは政治的な、そして理念上の権限を人々のために役立てることを追求しなければならない。

第四の結論は差別の課題である。これは重要ではあるが、障害のある人の完全なる人権の享受に影響をおよぼす、広範な課題すべては尽くし得ない。つまり、差別禁止法は不可欠である。効果的な法律は門戸を開放する。が、他のニーズが満たされていなければ、その門をくぐるように人々を誘導できない、と率直に認められなければならない。換言すれば、形式的自由への執着は、自由を行使する手段への執着と合致しなければならないのである。現実にある、障害のある人の経済的・社会的・文化的権利の達成を忘れてはならない。これによって我々は、過去にあったように、受動的な、維持のための金メッキで覆われた籠の中に人々を閉じ込める社会政策を意味しているのではない。むしろ、人々の形式的自由が最大限現実のものとなるようにする積極的な支援を目的にした社会政策を意味している。

最後に指摘したいのは、最も進歩的な障害法は、自らを、市場経済における「生産要因」であると政治的にも宣伝してきたという点である。このような立法は、より合理的な労働市場の決定と広範な経済活動全般に貢献するという主張だ。我々はこの点に強く同意する。が我々は、このような立法が、違いを尊重し、すべての人に真にオープンな社会の構築を目的とした社会の「市民化の要因」としても作用すると信じるのである。

付録　調査対象国の障害者差別禁止・権利法

1. Australia:　　　Disability Discrimination Act of 1992
オーストラリア　一九九二年障害差別法

2. Austria:	Federal Constitution, as amended 1997
オーストリア	一九九七年改正連邦憲法
3. Bolivia:	Act No. 1678 about the Person with Disability (1985)
ボリビア	一九八五年障害のある人についての一六七八法
4. Brazil	Constitution of the Federal Republic of Brazil, as amended 1993
ブラジル	一九九三年改正　ブラジル連邦共和国憲法
5. Canada	(a) Canadian Charter of Human Rights and Freedoms, Schedule B, Constitution Act 1982 (b) Canadian Human Rights Act, R.S.C. 1985, c. H-6 (c) Employment Equity Act, S.C. 1994 -95, c. 44
カナダ	(a)カナダ人権自由憲章、付則B、一九八二年憲法 (b)カナダ人権法RSC一九八五年c H-6 (c)雇用公正法SC一九九四—九五年c 44
6. Chile	Act No. 19. 284
チリ	一九・二八四号法
7. China	Law of the People's Republic of China on the Protection of Disabled Persons(1990)
中国	障害者保護中華人民共和国法（一九九〇年）
8. Costa Rica	(a) Law 7600 on Equal Opportunities for Persons with Disabilities, 1996 (b) Decree No.19101-S-MEP-TSS-PLAN, 1989
コスタリカ	(a)障害をもつ人の機会均等についての法七六〇〇、一九九六年 (b)命令第一九一〇一-S-MEP-TSS-PLAN号、一九八九年
9. Ethiopia	The Rights of Disabled Persons to Employment, Proclamation No.101／1994
エチオピア	障害者の雇用に対する権利、布告一〇一／一九九四年

10. Fiji　Constitution, as amended 1997
フィジー　一九九七年改正憲法

11. Finland　(a) Constitution as adopted in 1999(2000)
(b) Penal Code as amended 1995
(c) Act on Status and Rights of Patients (785／1992)
フィンランド　(a)一九九九年採択憲法
(b)一九九五年改正刑法
(c)患者の地位と権利に関する法律(七八五／一九九二)

12. France　Law No. 90-602 of 12 July 1990
フランス　一九九〇年七月十二日 九〇―六〇二号法

13. Gambia　Draft of a Constitution for the Second Republic of Gambia(1996)
ガンビア　ガンビア第二共和国憲法草案（一九九六年）

14. Germany　Basic Law of the Federal Republic of Germany, as amended 1994
ドイツ　一九九四年改正ドイツ連邦共和国基本法

15. Ghana　(a) Constitution as of 1992
(b) The Disabled Persons Act, 1993
ガーナ　(a)一九九二年憲法
(b)障害者法、一九九三年

16. Guatemala　Act for the Protection of Persons with Disabilities, Decree No.135-96
グァテマラ　障害をもつ人の保護に関する法律、命令第一三五―九六

17. Hong Kong　SAR Disability Discrimination Ordinance, 1990
香港　SAR障害差別条例、一九九〇年

18. Hungary　Act No. XXVI of 1998 on Provision of the Rights of Persons Living with Disability and Their Equality of Opportunity
ハンガリー　障害とともに生きる人の権利と機会均等条項に関する一九九八年二六号法

19. India　The Persons with Disabilities Act (Equal Opportunities, Protection of Rights and Full Participation) Act, 1995
インド　障害をもつ人（機会均等、権利擁護と完

全参加）法、一九九五年

20. Ireland
(a) Employment Equality Act (#21 of 1998)
(b) Equal Status Act (#8 of 2000)
(c) National Disability Authority Act (#14 of 1999)
(d) Comhairle Act (#1 of 2000)

アイルランド
(a)雇用公正法（一九九八年二一号）
(b)平等地位法（二〇〇〇年八号）
(c)全国障害権能法（一九九九年一四号）
(d)コムヘラル法（二〇〇〇年一号）

21. Israel
Equal Rights for Persons with Disabilities Law, 5758-1998

イスラエル
障害をもつ人の平等権利法五七五八—一九九八

22. Korea
a) The Welfare Law For Persons with Disabilities, Law No.4179 (1989)
b) Act Relating to Employment Promotion, etc. of the Handicapped, Law No. 4219 (1990)
c) The Special Education Promotion Law, as amended 1994

韓国
(a)障害をもつ人の社会福祉法四一七九号（一九八九年）
(b)障害者の雇用促進等関係法四二一九号（一九九〇年）
(c)一九九四年改正特殊教育促進法

23. Luxembourg
Penal Code, as amended 1997

ルクセンブルク
一九九七年改正刑法

24. Madagascar
New Labour Code as of 29 September 1994

マダガスカル
一九九四年九月二十九日時点の新労働法

25. Malawi
Republic of Malawi (Constitution) Act, 1994

マラウィ
マラウィ共和国法一九九四年

26. Mauritius
The Training and Employment of Disabled Persons Act, 1996(Act No. 9 of 1996)

モーリシャス
障害者の訓練と雇用法、一九九六年（一九九六年第九号）

27. Namibia
Labour Act (1992)

ナミビア
労働法（一九九二年）

28. New Zealand
Human Rights Act 1993

	ニュージーランド	人権法一九九三年
29.	Nicaragua	(a) Act No. 202, Law for the Prevention, Rehabilitation and Equalization of Opportunities for Persons with Disabilities in Nicaragua (1995) (b) Decree No. 50-97, Regulations and Policies for Act. No. 202
	ニカラグア	(a)ニカラグア 障害をもつ人のための予防、リハビリテーション、機会均等の法律二〇二号（一九九五年） (b)第二〇二号法規則政策、命令五〇～九七号
30.	Nigeria	Nigerians with Disability Decree 1993
	ナイジェリア	障害をもつナイジェリア人命令一九九三年
31.	Panama	Code of the Family, Act No. 3 (1994)
	パナマ	家族法 第三号法（一九九四年）
32.	Philippines	Magna Carta for Disabled Persons, 1991
	フィリピン	障害者大憲章、一九九一年
33.	South Africa	a) Constitution, as in 1996 b) Employment Equity Bill, 1998 c) Skills Development Bill, 1998
	南アフリカ	(a)一九九六年憲法 (b)雇用公正章典、一九九八年 (c)技術開発章典、一九九八年
34.	Spain	a) Workers' Charter as of 1980 b) Law on the Social Integration of the Disabled(1982) c) Law on Infringements and Penalties of a Social Nature, 1988
	スペイン	(a)一九八〇年労働者憲章 (b)障害者の社会統合法（一九八二年） (c)社会的性質の権利侵害と罰則についての法、一九八八年
35.	Sri Lanka	Protection of the Rights of Persons with Disabilities Act, No.28 of 1996
	スリランカ	障害をもつ人の権利保護法、一九九六年第二八号法
36.	Sweden	Law on the Prohibition of Discrimination Against Persons with Disabilities in Employment, SFS No: 1999-132

スウェーデン　雇用における障害をもつ人に対する差別禁止法、ＳＦＳ第一九九九－一三二号

37. Switzerland　Constitution, adopted 1999

スイス　一九九九年採択憲法

38. Uganda
a) Constitution of 1995
b) Local Government Act of 1997

ウガンダ
(a)一九九五年憲法
(b)一九九七年地方自治体法

39. United Kingdom
a) Disability Discrimination Act 1995
b) Disability Rights Commission Act 1999

英国
(a)障害差別法一九九五年
(b)障害権利委員会法一九九九年

40. United States of America
a) Americans with Disabilities Act of 1990
b) Rehabilitation Act of 1973

アメリカ合衆国
(a)障害をもつアメリカ人法、一九九〇年
(b)一九七三年リハビリテーション法

41. Zambia　The Persons with Disabilities Act, 1996（Act No. 33 of 1996)

ザンビア　障害をもつ人法、一九九六年（一九九六年第三三号）

42. Zimbabwe　Disabled Persons Act, 1992

ジンバブエ　障害者法、一九九二年

（訳注：法律名の一部は原語から英語へ翻訳しているため、公式な名称と異なるかもしれない。）

＊本稿翻訳にあたり、池原毅和弁護士（東京アドヴォカシー法律事務所）に法律・司法上の用語についてご教示いただきました。また、国連薬物統制計画（ＵＮＤＣＰ）アジア太平洋地域センター・アソシエートエキスパートの伊藤史男さんにもご教示いただきました。記して御礼申し上げます。（訳者）

Theresia Degener……ドイツ・ボーフムの応用科学大学の法学教授。二〇〇二年、クィン教授とともに国連高等弁務官事務所の協議専門家となった。

Gerard Quinn……アイルランド国立大学ギャラウェイ校法学教授。アイルランド人権委員会委員、二〇〇二年には、国連人権高等弁務官事務所の依頼を受けて障害者と人権に関する壮大な研究プロジェクトにのぞんだ。

あきやま・あいこ……二〇〇二年八月より国連アジア太平洋経済社会委員会（ＥＳＣＡＰ）新たな社会問題部　障害専門官。元衆議院議員政策秘書。

2 障害者の権利及び尊厳の促進及び保護に関する包括的かつ総合的な国際条約

国連総会決議五六／一六八（二〇〇一年十二月十九日採択）

川島　聡・訳

かわしま・さとし……新潟大学大学院博士後期課程

国連総会は、

国連憲章の目的及び原則並びに関連人権文書に含まれる義務を再確認し、

また、世界人権宣言（注1）が、すべての人間は生まれながらにして自由であり、かつ尊厳及び権利について平等であること、並びに、すべての人は人種、皮膚の色、性、言語、宗教、政治上その他の意見、国民的若しくは社会的出身、財産、門地その他の地位によるいかなる差別を受けることなく同宣言に掲げるすべての権利及び自由を享有することができることを宣明していることを再確認し、

障害者に関する世界行動計画（注2）を採択した一九八二年十二月三日の国連総会決議三七／五二、障害者の機会均等化に関する基準規則を採択した一九九三年十二月二十日の国連総会決議四八／九六、並びに一九九九年十二月十七日の国連総会決議五四／一二一を想起し、

また、障害者による障害者のための障害者と協働した機会均等化の更なる促進と題する二〇〇〇年七月二十七日の経済社会理事会決議二〇〇〇／一〇、並びに国連総会、経

済社会理事会及びその機能委員会の他の関連決議を想起し、

主要な国連会議及びサミット並びにそれぞれの継続的再検討の成果（特に、平等及び参加を基礎とした障害者の権利及び福祉の促進にかかわるもの）を再確認し、

障害者による障害者のための障害者と協働した機会均等化を促進するための国内、地域及び国際レベルでの政策、プラン、計画及び行動を促進し、公式化し及び評価するにあたり、障害者の機会均等化に関する基準規則が重要な役割を果たしていることに満足をもって留意し、

障害者に関する世界行動計画が採択されて以来、政府、国連システムの関係諸機関及び非政府団体により、協力及び統合を増すための様々な努力がなされ、障害問題についての意識及び感度が増したにもかかわらず、こうした努力が障害者の経済的、社会的、文化的及び政治的生活における完全かつ効果的な参加及び機会を促進するには十分でなかったことを認め、

包括的かつ総合的なアプローチに基づき、世界中の障害者の権利及び尊厳を促進し及び保護することについて、国際社会の関心が高まっていることにより奨励され、

世界の六億人の障害者が直面している、不利益を被りかつ傷つけられやすい状況を強く憂慮し、また、国際文書の作成が進められる必要があることを認識し、

社会開発委員会に提出される予定の同委員会の障害に関する特別報告者の最終報告書、並びに、二〇〇〇年四月二十五日の国連人権委員会決議二〇〇〇／五一（注3）に基づき現在行われている、障害者の人権の保護及び監視に関する文書の妥当性についての研究の成果を期待し、

人種主義、人種差別、外国人排斥及び関連のある不寛容に反対する世界会議が、障害者の権利及び尊厳の促進及び保護に関する包括的かつ総合的な国際条約（障害者に影響を及ぼす差別的慣行及び取扱いに対応した特別の規定を含む）（注4）の作成を検討するよう国連総会に対して勧告したことを考慮して、

1　国連人権委員会及び社会開発委員会の勧告を考慮し、社会開発、人権及び非差別分野における全体論的アプローチに基づき、障害者の権利及び尊厳の促進及び保護に関す

る包括的かつ総合的な国際条約に関する諸提案を検討するための、すべての国連加盟国及びオブザーバーに参加の途が開かれている特別委員会を設置することを決定する。

2　また、第五七回国連総会が開催される前に、特別委員会が一〇日間の作業を行う会合を少なくとも一回開くことを決定する。

3　国連の慣行に基づき、特別委員会に委託された作業に貢献するよう、国連加盟国、国連システムの関係諸機関（関連人権条約機関、地域委員会、社会開発委員会の障害に関する特別報告者を含む）並びに本事案に関心をもつ政府間機構及び非政府団体に対して勧誘する。

4　障害者の状況を直接又は間接に取扱う既存の国際的な法的文書、他の文書及び計画（とりわけ、国連、政府間機構及び非政府団体が開催した会議、サミット、会合又は国際的若しくは地域的セミナーの文書及び計画を含む）について取りまとめたものを、国連人権高等弁務官事務所及び国連事務局社会政策開発部の支援を得て、第一回特別委員会が開かれる前に同委員会に提出するよう、国連事務総長に対して要請する。

5　また、国連人権委員会決議二〇〇〇／五一に基づき着手された研究の成果、及び、社会開発委員会の障害に関する特別報告者が同委員会に提出する予定の最終報告書を特別委員会に提供するよう、国連事務総長に対して要請する。

6　地域委員会、国連人権高等弁務官、国連事務局社会政策開発部、及び社会開発委員会の障害に関する特別報告者と協力して、特別委員会の作業に（この国際条約に関して検討すべき内容及び実際的措置について勧告することにより）貢献するような地域会合又はセミナーを開催するよう、国連加盟国に対して要請する。

7　特別委員会にその作業の遂行に必要な環境を提供するよう、国連事務総長に対して要請する。

8　また、特別委員会の進捗状況に関する包括的な報告書を第五七回国連総会に提出するよう、国連事務総長に対して要請する。

注

1　Resolution 217 A （III）.

2 A/37/351/Add.1 and Corr.1, annex, sect. VIII, recommendation I (IV).

3 See *Official Records of the Economic and Social Council, 2000, Supplement No. 3* and corrigendum (E/2000/23 and Corr.1), chap. II, sect. A.

4 See A/CONF.189/12, chap. I, para. 180.

3 障害者の権利条約に関する第一回国連特別委員会

川島　聡

はじめに

二〇〇一年十二月十九日に第五六回国連総会において採択された決議五六／一六八は、「障害者の権利及び尊厳の促進及び保護に関する包括的かつ総合的な国際条約」（以下、障害者の権利条約と略す）に関する諸提案を検討する特別委員会（Ad Hoc Committee）の設置を決定するものであった。これを受けて、第一回特別委員会が、二〇〇二年七月二十九日から八月九日までの土日を除いた一〇日間、ニューヨークの国連本部において開催された。

この会議に先立ち、社会開発委員会第四〇会期（二〇〇二年二月）や国連人権委員会第五八会期（三〜四月）のほか、ダブリン会議（二月）、メキシコ専門家会合（六月）などにおいても、すでに障害者の権利条約について一定の意見が交わされてきたものの、それらの場では、条約策定の具体的方向性についてのコンセンサスは得られなかった。また、第一回特別委員会の開催前に、その準備作業部会などが設けられなかったこともあり、この特別委員会では、障害者の権利の具体的側面にまで踏み込んだ十分な議論が行われることなく、その手続的側面や、今後の条約策定に向けた基本的事項が話し合われた。そして第一回特別委員会の最終日には、国連総会への勧告案を含む報告書案

(A/AC.265/2)が、一部修正された後、採択された。

以下では、第一回特別委員会の審議において見られた注目すべき点として、(1)NGO(障害者NGO)の参加、(2)条約草案をめぐるメキシコとEUの立場、(3)途上国と先進国の立場、(4)日本政府の姿勢、(5)人権条約の重複、(6)第二回特別委員会について述べてみたい。

一 NGO(障害者NGO)の参加

第一回特別委員会の準備不足が露呈された一側面でもあるが、この特別委員会の開催直前(七月二十三日)になって、ようやくNGO(非政府団体)の参加に関する総会決議が採択された。一部の政府の反対を押し切り、EUとメキシコが中心となって提案された総会決議五六/五一〇(「特別委員会に関するNGOの参加認定(略称)」)が採択されたことにより、経済社会理事会の協議資格を持たないNGOの特別委員会への参加も許容されることになった。

このようにNGOの参加を広く認めた総会決議五六/五一〇は、積極的に評価すべきであろう。また、NGOの参加の具体的形態にまで踏み込んだ内容については第一回特別委員会の会期中に、特別委員会議長ルイス・ガレゴスの提案に基づいて、一つの決定(「参加認定を得たNGOの特別委員会における参加形態(略称)」)がなされた。

なお、特別委員会議長や各国政府代表(米国やEU等)とNGOとの話し合いの場が、公式会合の合間を縫って比較的頻繁に設けられたことは、条約論議へのNGOの実質的な参加という観点から高く評価すべきである。また、日本政府代表団と日本NGOとの間では、一時間にわたる意見交換会が二度にわたり行われた。

二 条約草案をめぐるメキシコとEUの立場

このたびの条約論議の火付け役となったメキシコ政府は、自ら条約草案(A/AC.265/WP.1)を第一回特別委員会に提出し、この草案に基づいて新条約に含むべき具体的な権利について審議することを望んだ。しかしながら、とりわけEU諸国は、実効的、現実的かつ執行可能な条約を作成するためには、まずは条約の基本的側面(目的、法的性格、他の国際文書との関係等)を話し合うべきであるとして、メキシコ草案に対しては消極的な姿勢をとり続けた。

たしかにメキシコ政府の積極的態度は評価すべきであるが、その条約草案に基づいて審議を行う前に、条約に盛り込むべき権利について一般的・基本的な話し合いを積み重ねることを求めるEUの立場は理論的には説得力があろう。

結局、特別委員会の場では、メキシコ草案についての積極的な審議は行われず、障害者の権利の基本的側面が話し合われることになった。もっとも、この基本的側面についての話し合いも深く突っ込んだものとはならず、条約に盛り込まれるべき権利の具体的な内容については、今後の課題とされた。

三　途上国と先進国の立場

他の国連の会議に見られる光景と違わず、この特別委員会でも、南北間の意見の相違が見られた。途上国と先進国との対立が顕在化した一例として、「発展の権利」が挙げられる。「発展の権利」の具体的内容は明らかではないが、少なくとも、発展／開発（development）のための援助を受ける国際法上の権利を途上国が有し、それに対応する法的義務を先進国が負うという側面をもつ「発展の権利」に消極的な米国等の先進国は、障害者の人権という問題を「発展の権利」と連結させることに否定的であった。他方、途上国側からは、障害者の権利条約は開発アプローチに基づくべきであるという主張が見られた。このような人権と開発との関係は今後とも慎重な議論を積み重ねる必要がある重要な問題である。

また、特別委員会への参加については、資金面で苦しい状況に置かれている途上国の政府代表やNGOが不利な状況にあることは否めない。これを受けて、総会決議五六／五一〇第三項は、恒常的な資金不足にある途上国等のNGOを援助するよう国連機関に要請した。また、特別委員会の勧告案第一四項も、途上国のNGOや専門家の参加を支援するために任意基金を設けることを決定した。

特別委員会では、条約作成やNGOの参加に積極的なメキシコを中心とした中南米諸国等の立場が見られる一方、一部の途上国は、NGOの参加について消極的な態度をとるなど、一言で途上国と言っても、当然のことながら一枚岩ではない。少なくとも、実効的かつ普遍的な条約を作成するためには、あらゆる地域の様々な立場を有する政府・NGO等が特別委員会の条約論議に積極的に参加し、障害者の権利の実際的かつ実効的な保障という観点から首肯できるコンセンサスを積み重ねる必要がある。

四　日本政府の姿勢

日本政府は、第一回特別委員会の開催前に採択された総会決議五六／五一〇の共同提案国に加わるなど、一定の評価に価する姿勢を示した。しかし、特別委員会の条約論議においては、きわめて慎重な姿勢を貫き、その姿勢は国連日本代表部大使の二度にわたる演説においても見られた。実際、今回の特別委員会に本国の関係省庁から専門的知識を有する者が出席していなかったことは、日本政府が条約論議に本腰を入れて取り組む姿勢をとっていなかったことの一つのあらわれであるとも考えられる。いずれにせよ、日本政府の関係省庁から専門的知識を有する職員が特別委員会に参加しなかったことは、それ自体に基本的な問題が残る。

さらに、ウガンダ、南アフリカ、デンマーク、メキシコなどの政府代表団に障害者が加わっていたことを考えると、その点においても日本政府の姿勢は消極的であった。障害者の権利条約を検討する特別委員会の主役は、障害者自身であることは当然のことであり、日本政府が障害者との緊密な協働関係のなかで条約論議に貢献するためには、日本政府代表団に障害者が加わることが必須の条件である。特別委員会の勧告案第一三項においても、この点が各国政府に要請されている。

五　人権諸条約の重複

障害者の人権問題は、新たな条約を作成するだけではむろん解決されない。他の人権条約機関の主流に障害者問題を組み入れなければならないことはもとより、障害者の機会均等化に関する基準規則との連携・調整なども重要である。このような、障害者の人権の国際的保障に関する多面的な取り組み（マルチ・トラック・アプローチ）は、障害に関する特別報告者ベンクト・リンクビストも主張してきたことであり、国際諸機関、各国政府、ＮＧＯにもおおむね受け入れられている。

これと関連する問題であり、特別委員会で指摘されたのが、国連の財政難や人権諸条約の重複等による政府や条約監視機関の負担、すなわち「条約疲れ」である。第一回特別委員会では、条約監視機関についての実質的な議論は行われていないが、かねてより条約監視機関の合理化・効率化が一般に求められてきたことから考えれば、そうした指摘が今回の特別委員会においても見られたことは当然と言える。だが、それを理由として、障害者の権利条約やそれに備えられるべき条約監視機関に対して否定的な見解を安易に許すことは、この条約自体の意義を揺るがせることにつながりかねないことに注意する必要がある。

六　第二回特別委員会

第一回特別委員会の開催中、人権問題としての位置付けを明確にするために、また国連人権高等弁務官との関係を築くためにも、第二回特別委員会はジュネーブにおいて開催すべきであるという主張がなされた（なお、特別委員会が、国連人権委員会第五九会期の開催前に少なくとも一回はジュネーブにおいて会合をもつことを検討するよう、国連人権委員会決議二〇〇二／六一は勧誘していた）。しかしながら他方で、現実問題として、ジュネーブの国連会議場の施設等が障害者の利用面で多くの不備をかかえていることや、ジュネーブへの高額な旅費が参加者（特に途上国の政府・ＮＧＯ）にとって大きな負担になることなどの問題点も指摘された。

こうしたジレンマは無視できない問題であるが、結局のところ、この特別委員会の本会合において、第二回特別委員会は翌年の五月前後にニューヨークの国連本部で開催されるということが明示された（なお、勧告案第三項は、「国連総会第五八会期が開催される前に、一〇日の作業日をもつ会合を二〇〇三年に少なくとも一回開催することを決定する」としており、五月ニューヨーク開催は確定されたものではない）。いずれにしても、特別委員会において実質的な討議を行う前提条件として、国連自体のアクセシビリティの改善が緊要の課題であることは確かであり、第一回特別委員会の勧告案第一一項が国連施設等のアクセシビリティの改善を要請したことは重要な意味をもつ。

おわりに

以上、第一回特別委員会における注目すべき論点を概観した。ここで述べてきたことから明らかなように、障害者の権利条約についての討議は、第一回特別委員会をもってようやくスタートラインに立ったにすぎず、今後の取り組みがきわめて重要となってくる。第二回特別委員会では、上述したような問題点を解決しつつ、実質的かつ積極的な条約議論を積み重ねていくことが期待される。また、第二回特別委員会までに開催される、国内レベル、地域レベル、国際レベルの種々の会合・会議においても実りある話し合いが行われることが望まれる。

最後に、今後の日本の課題として一点述べるならば、新たな可能性に満ちた障害者の権利条約の作成は、国内・地域レベルの様々な活動と切り離された別個のものとしてとらえるべきでない。本書で詳しく検討されている「障害者差別禁止法」の構想や、さらに、二〇〇三年から新たに始まった「第二次アジア太平洋障害者の一〇年」等のような、今まさに進められている国内・地域レベルの新たな取り組みと連携させながら、障害者の権利条約の実現に向けた総合的な活動を展開していくことが必要である。

＊本稿は『IMADR-JC通信』No.120（反差別国際運動日本委員会、二〇〇二年八・九月）に掲載された拙稿「障害者の権利条約に関する第一回特別委員会に参加して」に多少手を加えたものである。

❖障害者政策研究全国実行委員会
「障害者差別禁止法制定」作業チーム（五十音順）

秋山愛子　国連アジア太平洋経済社会委員会（ESCAP）障害専門官
池上智子　障害者政策研究全国実行委員会事務局
奥山幸博　障害者政策研究全国実行委員会事務局
鎌田真和　法律事務職員
川内美彦　一級建築士事務所　アクセスプロジェクト主宰
姜　博久　障害者自立生活センター・スクラム代表
金　政玉　DPI（障害者インターナショナル）障害者権利擁護センター所長
東　俊裕　弁護士、JIL（全国自立生活センター協議会）人権委員会委員長
樋口恵子　スタジオIL文京代表
蛭川涼子　DPI日本会議事務局

❖連絡先
〒101-0054　東京都千代田区神田錦町3-11-8　武蔵野ビル5階
DPI障害者権利擁護センター気付
電話　03-5282-3137／ファクス　03-5282-0017

当事者がつくる障害者差別禁止法——保護から権利へ

2002年10月20日　第1版第1刷発行
2005年6月10日　第2版第1刷発行

編　者　「障害者差別禁止法制定」作業チーム
発行者　菊地泰博
組　版　コムツー
印　刷　平河工業社（本文）
　　　　東光印刷所（カバー）
製　本　越後堂製本

発行所　株式会社　現代書館
〒102-0072　東京都千代田区飯田橋3-2-5
電　話03(3221)1321　FAX03(3262)5906
振替00120-3-83725　http://www.gendaishokan.co.jp/

制作協力・岩倉　泉
 ISBN4-7684-3431-2
定価はカバーに表示してあります。乱丁・落丁本はおとりかえいたします。

斎藤明子 訳

アメリカ障害者法

——Americans With Disabilities Act of 1990

障害者に対する交通・建築・通信サービス・雇用等、包括的な差別を禁止した画期的な法律・アメリカ障害者法の原文と全訳文。障害者差別禁止法の国際的な流れをつくった原点として、日本の障害者差別の実態、法制度をとらえ返すためにも必読の法律。

1000円＋税

二文字理明 編訳

スウェーデンの障害者政策［法律・報告書］

——二十一世紀への福祉改革の思想

高福祉国家スウェーデンが「人間の尊厳の尊重」「自立」「公正」を基本に進めてきた九〇年代の障害者福祉改革の中核をなす三つの主要報告書と、新社会サービス法、機能障害者に対する援助およびサービスに関する法律（LSS）など五つの法律と各解説。

3800円＋税

ジョセフ・P・シャピロ 著／秋山愛子 訳

哀れみはいらない

——全米障害者運動の軌跡

障害者福祉を慈悲と保護から権利と差別禁止へと変えた、歴史的なアメリカ障害者法成立に到る障害者運動のエンパワメントとアメリカ社会の障害観の変化を追う。障害の文化・歴史、障害政策、個人ヒストリー、大衆文化に表れた障害者像などを重層的に描く。

3300円＋税

カリフォルニア・ピープルファースト 編／秋山愛子・斎藤明子 訳

私たち、遅れているの？

——知的障害者はつくられる

親、施設職員や教員など、周囲の人々の期待の低さや抑圧的環境が知的障害者の真の自立と成長を妨げていることを明らかにし、当事者自らが本当に必要なサービス、制度を提言した画期的な報告書。「遅れを招く環境」を脱して自己実現可能な社会を創る。

1600円＋税

全国自立生活センター協議会 編

自立生活運動と障害文化

——当事者からの福祉論

親許や施設でしか生きられない、保護と哀れみの対象としての障害者が、地域で自立生活を始め、社会の障害者観、福祉制度のあり方を変えてきた。一九六〇～九〇年代の障害者解放運動、自立生活運度の軌跡を一六団体、三〇個人の歴史で綴る、障害学の基礎文献。

3500円＋税

DPI日本会議＋札幌組織委員会 編

世界の障害者　われら自身の声

第6回DPI世界会議札幌大会報告集

一一二の国と地域、三千人以上の参加者が熱く議論したDPI世界会議札幌大会の全体会・記念講演、全40分科会での議論の報告集。障害者の権利条約制定へ向けての議論、自立生活、アクセス、人権、生命倫理、教育、開発他、国際・国内障害者運動の最前線の記録。

3000円＋税

川内美彦 著

バリア・フル・ニッポン

——障害を持つアクセス専門家が見たまちづくり

日米の車イス利用者が日本全国を講演旅行中に遭遇した制度・設備（ハード）・情報文化・意識のバリアの数々。駅・空港・交通機関・公共建物・道路等々、障害をもつが故に「二流市民」扱いの日本社会のあり方を根本的に解剖し、ユニバーサル社会への提言をする。

2000円＋税

（定価は二〇〇五年六月一日現在のものです。）